Elisabeth Meyer-Renschhausen
Die Hauptstadtgärtner

Elisabeth Meyer-Renschhausen

# Die Hauptstadt- gärtner

Eine Anleitung zum Urban Gardening

Tipps vom Allmende-Kontor
auf dem Tempelhofer Feld

Jaron Verlag

*Abbildungen*
Kolarek, Martina: S. 34 u.
Kotanyi, Christophe: S. 16 o., 23, 28
Krau, Brigitte: S. 25
Thieme, Margot: S. 101 u.
Alle weiteren Fotos von der Autorin

Originalausgabe
1. Auflage 2015
© 2015 Jaron Verlag GmbH, Berlin
www.jaron-verlag.de
Umschlaggestaltung: Bauer+Möhring, Berlin
Satz und Layout: Prill Partners | producing, Barcelona
Lithographie: Bild1 Druck GmbH, Berlin
Druck und Bindung: BGZ Druckzentrum GmbH, Berlin

ISBN 978-3-89773-763-1

# Inhalt

## Der Trend zum Gemeinschaftsgarten
*Von den ersten Interkulturellen Gärten in Berlin zum Allmende-Kontor*

# ZU DIESEM BUCH

Das vorliegende Buch soll Ihnen gewissermaßen das Tor zu den neuen Formen des urbanen Gartenbaus eröffnen. Der findet oft kollektiv auf innerstädtischen Brachen statt, bisweilen auf kommunalem „Bauerwartungsland" und immer häufiger – teils in Form „Interkultureller Gärten" – sogar in städtischen Parks. Seltener tummelt sich die neue städtische Agrarkultur in den Naturschutzgebieten am Stadtrand. Dort tritt sie meist als neuartige Erwerbslandwirtschaft beispielsweise in Form von „Bauerngärten" auf.

Das Buch „Die Hauptstadtgärtner" soll Ihnen einen Einblick in die innerstädtische Gemeinschaftsgärtnerei geben – und zwar wesentlich am Beispiel der Allmende-Gärten, die sich „mittenmang" in Berlin befinden: auf dem ehemaligen Flugfeld Tempelhof. Im ersten Kapitel wird erzählt, wie es zu der Entstehung dieser Gärten gekommen ist. Im letzten Kapitel wird, daran anknüpfend, die Entwicklung der städtischen Anbaukultur – gern auch als „Urban Gardening" bezeichnet – geschildert.

Diese beiden Kapitel rahmen den Kern dieses Buchs ein: den praktischen Teil. Hier wird zunächst die Praxis des Hochbeetbaus und des organischen Düngens sowie der Wahl der Samen erklärt. Im Anschluss daran werden jene Gemüsearten vorgestellt, die sich für urbane Gartenkulturen besonders gut eignen, insbesondere für das Gärtnern in Kisten.

Der Anbau in Kisten ist nicht gerade die einfachste Form der Gemüsezucht. Doch wenn Sie ihn beherrschen, gelingt Ihnen der Anbau in gewöhnlichen Gartenbeeten ebenfalls. Und selbstverständlich klappt so auch der Gemüseanbau auf dem Balkon oder im Dachgarten. Die Pflanzen werden in der Reihenfolge vorgestellt, in der sie im Gartenjahr auftauchen. Der Fokus liegt dabei vor allem auf solchen Pflanzen, die nach meinen bald zehnjährigen Erfahrungen mit Berliner Kistenbeeten am sichersten gedeihen. Ergänzend werden kurz auch einige Blühpflanzen, Kräuter und Heckenpflanzen vorgestellt.

Da die neuen urbanen Gärten interkulturell sind – sie werden von Gärtnern aus vielen unterschiedlichen Kulturen und Ethnien gepflegt –, gibt es immer wieder Irritationen betreffs der Pflanzen. Wie ist jener Gemüsename ins Englische, Türkische, Bosnische, Französische zu übersetzen? Ist Okra wirklich der alte Eibisch und eine hibiskusartige Rosenverwandte? Und sogar innerhalb einer Sprache ist nichts so regional divers wie die Bezeichnungen für Gemüse und Gerichte. Die Nennung der lateinischen Namen hilft deshalb bei der Klärung, welche Pflanze gemeint ist.

Im Anhang finden Sie einige hilfreiche Literaturhinweise. Weitere Informationen über den Gemeinschaftsgarten Allmende-Kontor erhalten Sie unter www.allmende-kontor.de, zu anderen Projekten des neuen urbanen Gemüsebaus unter www.stadtacker.net und www.anstiftung.de/urbanegaerten.de.

# ALLMENDE FÜR ANFÄNGER

## Die Gemeinschaftsgärten auf dem ehemaligen Flughafen Berlin-Tempelhof

# KÜRBISSE VOM TEMPELHOFER FELD

Es begann an einem sonnigen Samstag im April. Nach jahrelangem Reden, Demonstrieren und Schreiben von Anträgen konnte es endlich losgehen. Es war alles da: wundervoll nach Erde duftender Mutterboden, Kisten, Bretter und viele tatendurstige Helfer. Die 13 Initiatoren des Allmende-Kontors hatten einen LKW voll Bioerde sowie Paletten und Werkzeug organisiert. Sogar zwei Pfirsichbäumchen und die dazugehörigen Pflanzkübel standen bereit. Unser Ziel war es, die Idee der *urban agriculture*, eines auf eine erdverträgliche Lebensweise abgestimmten städtischen Gemüseanbaus, auf dem ehemaligen Flugfeld in Tempelhof Wirklichkeit werden zu lassen. Bald hämmerte es fröhlich an diversen Ecken. Ich selbst hatte für Bienen und Schmetterlinge Brennnesseln und Wildblumensaat mitgebracht. Als ich mich gerade gemütlich ans Einpflanzen machen wollte, unterbrach mich schon das erste Kamerateam …

Seit jenem April 2011 sind die Gemeinschaftsgärten besonders auf der Neuköllner Seite des ehemaligen

*Ein Ort der Ruhe, wo einst Flugzeuge dröhnten: Die Allmende-Gärten*

*Agrarkultur in Kisten: Einer der Gartengründer gießt Setzlinge*

Flughafenareals eine Art neue Verheißung. Die wilden Gärten vom Tempelhofer Feld faszinieren Besucher aus nah und fern. Die Gäste freuen sich über die kreativen Variationen bei den Hochbeeten und bewundern die stämmigen Sonnenblumen und die bunte Blütenvielfalt. Sie staunen, wie gut Gemüse in Kisten wächst. Sie lassen sich auf den selbstgezimmerten Bänken nieder, um den Sonnenuntergang zu genießen. Wissbegierig fragen sie die Gärtnerinnen und Gärtner aus: Wie funktioniert das hier? Und sie sind verwundert zu erfahren, welch große politische Dimension die urbane Agrarkultur von Tempelhof und Neukölln haben könnte. Ja, es geht um das „Zurückholen der Allmende", des Landes, das allen gemeinsam – also der Kommune oder dem Bundesland – gehört. Und es geht darum, dieses Land mit Freude und gemeinschaftlich zu pflegen. Was für eine schöne Idee!

Die Berliner haben die Allmende-Idee befürwortet. Am 25. Mai 2014 stimmten sie per Volksentscheid für den hundertprozentigen Erhalt des Tempelhofer Feldes mit seinem einzigartigen Wiesenmeer und den Allmende-Gärten. Das Gelände des ehemaligen Flughafens wird künftig ausschließlich dem Landschafts- und Klimaschutz, der Erholung sowie einer neuen urbanen

*Tag eins des Gemeinschaftsgartens: Ein Pfirsichbaum wird gesetzt*

### Die Allmende

Was bedeutet eigentlich das Wort Allmende? Was heißt es, Ziel des Allmende-Kontors sei das Zurückholen der Allmende? Allmende verstehen wir als eine gemeinschaftliche Verwaltungsform einer natürlichen Ressource zum Nutzen aller. Entscheidend ist das genau definierte, limitierte Nießbrauchrecht für die Teilhabenden. Ein schriftlich fixiertes und von allen Teilhabern in langwierigen Sitzungen gemeinsam ausgearbeitetes Regelwerk dient als Grundlage. Das verhindert die Übernutzung der Allmende. Natürlich gehören auch stete Kontrollen und Strafen dazu. Das wissen wir aus den Untersuchungen der Ökonomin Eleanor Ostrom, die dafür den Nobelpreis bekam. Die Allmende-Teilhaber hegen ihren Garten zugleich als Kulturlandschaft für die Allgemeinheit – speziell die Anwohnerschaft –, die ebenfalls ein gewisses Nutzungsrecht hat. Die aktiven Allmende-Teilhaber allerdings behalten sich ein besonderes Nutzungsrecht vor – wie etwa die Ernte –, da sie die regelmäßige Pflege garantieren. Die Initiatoren des Allmende-Kontors sind mehrheitlich der Überzeugung, dass wir eine kommunale Bodenvorratswirtschaft brauchen, die im Sinne des Gemeinwohls vermehrt „Gemeinheiten" erhält oder neu anlegt – auch mit dem Ziel, in Krisenzeiten mehr Flächen für Gemeinschaftsgärten etc. zur Verfügung stellen zu können.

*Lasterweise herangekarrt: Zertifizierte Biokomposterde*

Dieses neue Gärtnern stößt etwas an. Aus ihm erwächst ein Wunsch nach Wissen. Das gemeinschaftliche Gärtnern wird zu einer Art gemeinsamem Bildungsprogramm: Wie baue ich Biogemüse an? Welches Saatgut soll ich nehmen? Was wächst in Hochbeeten? Was kann ich gegen Schädlinge tun, ohne die Erde zu vergiften? Wie halte ich im Gemeinschaftsgarten Bienen? Wie sollte ich richtig düngen und kompostieren? Und zu guter Letzt: Wie können wir uns gesund ernähren, ohne unsere Lebensgrundlagen zu zerstören? Rote Bete vom Tempelhofer Feld statt Erdbeeren aus der Ferne – das könnte die Lösung sein. Das neue Gärtnern fördert die interkulturelle Kommunikation im Kiez. Kiez – das ist eines der vielen slawischen Wörter des Berliner Dialekts, Ausdruck der wechselvollen Geschichte Berlins, und bedeutet Nachbarschaft. Selten kommen Nachbarn so leicht miteinander ins Gespräch. Gärten bieten denjenigen, die wollen und können, eine sinnvolle Beschäftigung, eine Art sanfte Bewegungstherapie direkt in der Natur. Dies gilt für alle – auch für das Mütterchen, das von minimaler Rente leben muss, oder den Migranten, der kein Deutsch spricht. Wer seine Pflanzen täglich pflegt, kann erstaunlich viel ernten.

*Frühjahr 2011: Das erste fertige Kastenbeet wird besät*

Agrarkultur dienen. Die drei Nachbarschaftsgärten vom Schillerkiez – im Osten des Areals – haben sich als *die* sozialen Zentren dieser einzigartigen Stadtlandschaft herausgestellt.

# Die neue Lust am Gärtnern

Woher kommt die neue Begeisterung fürs Gärtnern? Ich erinnere mich etwa an einen Abend im Berliner „Café Morgenrot". Nach einer Diskussion über die Selbstversorgung von Kleinbauern blieben die jüngeren Zuhörer sitzen. Wozu warten? Sie wollten gärtnern, und zwar sofort – auf dem gerade stillgelegten Flughafen Tempelhof. Dann kam ein Anruf vom McPlanet-Kongress: Ob wir mit unserer „Arbeitsgruppe Kleinstlandwirtschaft" einen Workshop zusammen mit „Squat Tempelhof" machen könnten. Diese neuentstandene Gruppe wollte den alten Flughafen symbolisch besetzen – mit dem Ziel, dass die Politik ihn als Park öffnet. Mir war etwas mulmig zumute. Ist so ein Flughafen nicht ein bisschen zu groß zum Besetzen? Aber der gemeinsame Workshop zum Thema „Guerilla Gardening: Wie mache ich Samenbälle?" fand regen Anklang. Bei der Demonstration für die Öffnung des Tempelhofer Feldes im Juni 2009 schafften es zwar nur die

*Botschafter des Urban Gardening: Stand auf dem Staudenmarkt*

kleinen Samenbömbchen über den Zaun – aber immerhin.

Genau ein Jahr darauf wurde das Feld dann freige-
geben. Der Senat rief dazu auf, zur Eröffnung zu kommen und mitzufeiern. In die Erde etwas einzupflanzen,
das wurde allerdings verboten. Die jungen „Tempel-
gärtner" aus dem Café hatten sich mit den Idealisten
von „Berlin 21" zusammengetan und hängten ihr
Grünzeug kurz entschlossen an ihre Fahrräder. Damit
wirkten sie ein wenig wie die Pfingstochsen beim
Aufzug auf die Alm. Laut klingelnd fuhr die Gruppe
übers Feld und rief: „Wir wollen Gärten!" Unter dem
dunkel dräuenden Himmel erregte die muntere Far-
benpracht allseitiges Aufsehen. Das könne man öfter
mal machen, verlautbarte sogar die Verwaltung ...

Wieder genau ein Jahr später gab es grünes Licht.
Zur offiziellen Eröffnung des Bürgerparks im Mai wollte die Senatorin für Stadtentwicklung persönlich auf
dem Rad vorbeischauen. Und sie sollte schon etwas
zu sehen bekommen. Die sogenannten Pioniere legten
sich sofort ordentlich ins Zeug. Neben Mutterboden,
der lasterweise herangekarrt worden war, kam auch das
Gießwasser zum Einsatz, das wir über einen Hydranten
dem Leitungsnetz entnahmen. Die ersten Kistenbeete
wurden in einem Kreis aufgestellt. Und dann baute der
Jüngste der Gründergruppe an seine Beetkiste gleich
eine erste Bank für die älteste Mitinitiatorin, die sich
um unzählige Interkulturelle Gärten verdient gemacht
hat. Innerhalb zweier Wochen entstand ein kleiner

Sitzkreis – in den ersten Jahren ein beliebter Treffpunkt. Ein Mitglied spendierte ein rosa Kinderhäuschen, das zum Wahrzeichen des Gemeinschaftsgartens Allmende-Kontor wurde. Oft turnten bis zu fünf Kinder gleichzeitig darauf herum, bis es – nachdem es auch eine Ausstellung geschmückt hatte – kaputtging.

Zurück ins erste Jahr. Das Wetter spielte mit: Es war ein wunderschöner Frühling. Die Gartenbegeisterung griff um sich wie ein Feuer. Als Mitte Mai 2011 der erste Jahrestag der Eröffnung des ehemaligen Flughafens als Bürgerpark gefeiert wurde, wuchs es aus vielen Kistenbeeten bereits munter. Die Senatorin war beeindruckt. Sie half ihren Pionieren sogar

beim Samensetzen. Nur wegen der frei herumliegenden Nägel machte sie sich – unbegründete – Sorgen.

Es hatte etwas Geheimnisvolles, wie Gemüse, Kräuter und Wildblumen nach so kurzer Zeit in verblüffend kreativem Durcheinander grünten und blühten. Die pralle Sonne, die gute Erde, das erprobte Biosaatgut und ein über das Internet organisierter Wassertank-Auffülldienst hatten dafür gesorgt. Das Wasser bekommen die Gemeinschaftsgärtner übrigens nicht geschenkt. Sie beziehen es über die Wasserlöschleitung des Flughafens. Es ist zwar kein Trinkwasser, aber für die Bewässerung der Beete genügt die Qualität. Jeden Tag müssen die großen Wassercontainer mit langen, schwer zu bewegenden Schläuchen umständlich gefüllt werden, damit alle ihre Beete gießen können. Denn Kastenbeete trocknen sehr viel schneller aus als ebenerdige Agrarkulturen. Ich staune immer wieder über die Hilfsbereitschaft beim zeitraubenden Auffüllen der Tonnen. Besonders die leicht angegrauten „Jungs" aus dem Schillerkiez-Garten, die im Viertel wohnen, übernehmen diese Arbeit häufig für die jun-

*... und sogar für eine Bundeslandwirtschaftsministerin mit Gefolge*

gen Leute vom Rübezahl-Garten. Der Wasserdienst dauert mindestens eine Stunde und erfordert eine Menge körperliche Kraft. Die Schläuche lagern in großen selbstgezimmerten Kisten mit mächtigen Vorhängeschlössern. Sie müssen zum Hydranten geschleppt und später wieder eingerollt werden.

Fast über Nacht wurden die Beetinseln zum beliebten Sujet zahlreicher Fotokünstler. Und fast blitzartig wurden sie zum Anziehungspunkt für eine wachsende Zahl von Berlin-Besuchern, als wären sie in allen Reiseführern bereits verzeichnet. Nach kaum einem Monat erschien auch die Boulevardpresse und wünschte Interviews. Das hatte immerhin den positiven Effekt, dass von diesem Augenblick an auch die türkisch- und arabischsprachige Nachbarschaft zum Mitgärtnern kam. Im Merian-Heft avancierten die wilden Gärten Berlins tatsächlich zu einer *der* Attraktionen der Kreativhauptstadt. Und schließlich schafften es die Gärten vom Tempelhofer Feld sogar in die FAZ – kurioserweise ausgerechnet in deren Sonderbeilage zur Grünen Woche, die sich bekanntlich der industriellen Landwirtschaft verschrieben hat.

Das Schöne war und ist, dass das große Gartenprojekt viele kleine Projekte nach sich zog. Zwei junge Gärtner erwirkten eine Förderung für die Einrichtung eines Bienenstands, und so entstand inmitten des Gartens hinter einer Weidenhecke ein Bienenbeet. Eine Saatgutinitiative legte einige Saatgutbeete an, temporäre Kunstprojekte zogen weitere Projekte an, und nicht zuletzt stieß im zweiten Jahr eine versierte Kompostaktivistin zur Gartengruppe.

# Ein Meer von Hochbeeten

Nicht im, sondern oberhalb des Bodens zu gärtnern – dies war die Vorgabe der Verwaltung an die Berliner Gemeinschaftsgärtner. Die Gartenpioniere ließen sich dadurch nicht abschrecken. Hochbeete sind in der urbanen Landwirtschaft seit Jahrzehnten üblich – egal, ob in New York, Havanna oder Tokio. Überall dort, wo auf Bauschutt gegärtnert werden muss, auf asphaltierten Flächen oder auf verseuchten Böden, bietet sich das Hochbeet an. So hatten auch die Berliner Gemeinschaftsgärtner bereits Erfahrungen mit Kastenbeeten. Die 13 Gründer des Allmende-Kontors waren erfahrene Gartenaktivisten. Sie wussten, wo es günstige Bioerde gibt, und auch, wo man Recyclingholz herbekommt. Eine der Gärtnerinnen arbeitete zudem bei einer Initiative namens „Kunststoffe" mit, die sich darauf spezialisiert hat, gebrauchte Materialien an geeignete Gruppen weiterzugeben.

Nun wurde an allen Wochenenden gesägt und gebaut. Es entstand eine Art Allmende-Gartenarchitektur. An Hochbeetinseln wurden Bänke angebaut. Manche Sitzgelegenheit erscheint als hölzernes Eck-

*Die Vorgabe der Politik: Gegärtnert wird nur über der Erdoberfläche*

sofa hinter einem Eingangstor. Viele Bänke sind nach Westen ausgerichtet, denn der Sonnenuntergang hinter der offenen Weite des Feldes ist ein besonderes Erlebnis.

So entstand die eigenartige und vielleicht auch einzigartige Landschaft aus Hochbeeten. Sonne, Wind und Weite, dazu die Vielfalt an selbstgezimmerten Kisten – das macht die Allmende-Gärten aus. Die Kastenbeete wurden mit viel Phantasie gebaut. Ausgediente Bettgestelle, Badewannen – alles Mögliche wurde in Hochbeete umgewidmet und bunt bepflanzt.

Die Touristen spazieren hindurch und bestaunen respektvoll jede einzelne Idee.

Einige Bänke bekamen lange Beine und wuchsen unversehens in die Höhe. Diese „Hochsitze" waren zugegebenermaßen wohl ein wenig extralegal. Sie wurden später meistens zu reinen Rankgerüsten zurückgebaut. Als architektonische Besonderheit schaffen sie zusammen mit den wenigen Bäumchen der Kistenlandschaft – wie den Weiden rings um den Bienenstand – eine Verbindung zum Himmel. Denn was für ein Garten wäre das, der nicht in den Himmel wüchse? Auch wenn es heute kaum noch Schamanen gibt, die an Bäumen in den Himmel steigen – unseren Seelen brauchen diese Möglichkeit wohl immer noch.

*Beglückt so manchen Besucher: Einer der „Hochsitze"*

# Die Allmende-Gärten als Pionierprojekte

Die Allmende-Gärten kamen als sogenannte Pionierprojekte auf das Feld. Sie sollten sich als Zwischennutzer an der Entwicklung der Tempelhofer Freiheit beteiligen. Man ging davon aus, dass sie Investoren anlocken könnten und nach getaner Arbeit weiterziehen würden. Nach einem entsprechenden Bewerbungs- und Auswahlverfahren erhielt das Allmende-Kontor neben zwei Mitbewerbern grünes Licht.

Das Wort Pioniere bezeichnet in der englischsprachi-

*Vor der Kulisse des Schillerkiezes: Beginn des Dorfplatzbaus*

gen Soziologie Gruppen, die sich in verfallene Stadtteile trauen, um heruntergekommene Häuser instand zu setzen. Meistens handelt es sich um junge Leute, Studenten, Künstler und Handwerker. Das Fehlen angemessener Bebauungspläne und Milieuschutzregeln in den USA vertreibt diese Gruppen oft wieder, sobald Investoren ihnen in das Quartier gefolgt sind. Die Viertel verlieren dadurch ihre Lebendigkeit und ihre Anziehungskraft für Touristen.

Weltweit setzt sich in der Politik aber die Einsicht durch, dass man gemeinsam mit den Bürgern arbeiten muss statt gegen sie, wenn man neuen Projekten zur Akzeptanz verhelfen will. Politik und Verwaltung – wie auch die Europäische Kommission – legen daher heutzutage verstärkt Wert auf Partizipation. Entsprechend sollten bei der Entwicklung des Tempelhofer Feldes die Berliner und Berlinerinnen mit einbezogen werden.

Die Teilnehmer der Pionierprojekte wurden zu zahlreichen Gesprächsrunden eingeladen, denn sie sollten sich untereinander kennenlernen. Es herrschte eine freundliche Stimmung des Aufbruchs. Auch die Vertreter der Verwaltung waren frohen Mutes. Die praktische Umsetzung ging dann jedoch weniger leichtfüßig vonstatten. Die Vorgaben der Verwaltung und ihrer

*Kommunikation: Gespräche zwischen ersten Beeten*

privatwirtschaftlichen Agenturen erwiesen sich als wenig bürgerkompetent oder – um es deutlicher auszudrücken – zu sehr vom Verwertungsgedanken geprägt. Es mangelte an der Bereitschaft, ehrenamtliche Tätigkeit als eine Arbeit anzuerkennen, die der Gesellschaft zum Geschenk gemacht wird.

Hinzu kam, dass Politik und Verwaltung von den Pionierprojekten Flexibilität erwarteten – als Zwischennutzer sollten diese ihre Plätze räumen, wenn die Bebauung ihrer Standorte bevorstand –, sich selbst jedoch als unflexibel erwiesen. Ihnen mangelte es an der Bereitschaft, im Falle des Erfolgs die Pionierprojekte zu etablieren.

Die meisten Gartenprojekte waren auf das Gelände des ehemaligen Volks- und Sportparks Neukölln platziert worden – ein Gelände, das dem Bezirk Neukölln 1948 entzogen worden war, als für die Luftbrücke während der Berlin-Blockade die Landebahnen verlängert wurden. Nun aber wurde geplant, genau dieses Gebiet zu bebauen. Weshalb aber wurden gerade dort die Pionierprojekte platziert?

*Bald vom Wind zerschlissen: Banner des Allmende-Kontors*

# GEMEINSCHAFTSGARTEN ALLMENDE-KONTOR

Bereits im ersten Sommer entstand ein wahres Dorf aus rund 300 Hochbeeten von mehr als 700 Gärtnern auf einem Areal von gerade mal 5000 Quadratmetern. Zusammen mit den Nachbargärten handelt es sich um einen knappen Hektar, der hier begärtnert wird.

Eine Vorgabe, die uns gemacht wurde, lautete: Es darf keine Zäune geben, damit der Garten für alle offen ist. Zuerst hatten wir Bedenken: Wer soll dann die Salate und die Tomaten schützen? Doch zum Erstaunen aller war kaum Schutz nötig. Die meisten Besucher erfreuen sich des Anblicks, ohne etwas anzurühren, respektvoll wie in einer Kunstausstellung. Aber das gilt leider nicht für alle. Es gibt Jäger und Sammler beiderlei Geschlechts, die gerne mal etwas mitgehen lassen. Auch die wilden Jungs aus dem Rollbergviertel machten uns anfangs Sorgen, weil sie mutwillig manches zerstörten. Doch sie lassen mit sich reden, wenn man sich nur die Zeit dafür nimmt.

Wegen zu großen Zulaufs verfügten die 13 Allmende-Gründer bereits nach drei Monaten einen „Baustopp". Immer mehr Menschen kamen und wollten mitmachen. In der „Südstadt" des Gemeinschaftsgartens hatten die Jüngeren die landschaftsplanerischen Vorgaben der „Orga-Gruppe" ignoriert. Oft war noch nicht einmal der Schubkarrenabstand zum Nachbarbeet eingehalten worden, so dicht an dicht waren die Kastenbeete gebaut worden. Manche übereifrige Stadtbäuerin rückte mit immer neuen Kistenbeeten ihrem Nachbarn so sehr auf die Pelle, dass der das Projekt empört verließ. Da wurde allen klar, dass uns die schwierigste Aufgabe erst noch

*Die Arbeit vieler Wochenenden: Der „Dorfplatz" wird gebaut*

bevorstand: aus begeisterten Gärtnern und Gärtnerinnen eine funktionierende Gemeinschaft zu schaffen.

Die „Stiftungsgemeinschaft Anstiftung-Ertomis" hat sich darauf spezialisiert, Interkulturellen Gemeinschaftsgärten bei der Entstehung zu helfen. Sie spendete unzähligen solcher Gärten eine Anschubfinanzierung für Gartengeräte, Zäune, Erde, Regentonnen oder Schlauchwagen. Die Stiftung half auch dem Allmende-Kontor mit einer großzügigen Förderung. Das befreite die Gründergruppe von unmittelbaren Geldsorgen.

So konnte bereits im zweiten Jahr die aufwendige Aufgabe in Angriff genommen werden, einen „Dorfplatz" zu bauen. Die Gründer organisierten Workshops, zu denen alle Gärtner und Gärtnerinnen eingeladen waren, und tatsächlich haben erstaunlich viele von ihnen teilgenommen. An langen Wochenenden wurden verschiedene Konzepte vorgestellt und ausführlich diskutiert: Bauwagen oder Sonnensegel, und welche Art von Unterbau? Im darauffolgenden Sommer wurde schließlich in zahllosen Wochenendeinsätzen der Dorfplatz gebaut. Eine beispiellose Spendenbereitschaft ermöglichte es, das dazugehörige sturmfeste Sonnensegel zu mieten. So entstand ein neues Wahrzeichen Berlins, das seitdem unzähligen Besuchern als Regen- oder Sonnenschutz dient.

Begonnen hatte alles mit der Gründergruppe. Sie bestand aus erfahrenen Berliner Gartenaktivisten – meist Akademikern, Künstlern und Überlebenskünstlern – im Alter zwischen 20 und 75 Jahren, acht Frauen und fünf Männern. Im September 2010 verständigte man sich darauf, pro Person künftig zumindest einen ganzen Arbeitstag pro Woche zu spenden, um auf dem Tempelhofer Feld einen großen

*Diente als Anschlagsäule, bis es kaputt war: Kinderhäuschen*

Gemeinschaftsgarten mit Vorbildcharakter zu gründen. Der geplante Nachbarschaftsgarten sollte in der ganzen Stadt weitere solcher Vorhaben anregen. Die Gruppe traf sich vorerst alle 14 Tage an einem Abend, außerdem fanden einige mehrtägige Intensivworkshops an Wochenenden statt. Zunächst bestand die Hauptarbeit im Verfassen des entsprechenden Antrags und der Teilnahme an zahlreichen Sitzungen mit Vertretern der Verwaltung bzw. ihren Projektmanagern. Ab April 2011 ging es unter anderem darum, in zahlreichen Treffen mit den anderen Pioniergruppen den Vertrag mit dem Land Berlin bzw. seinen Organen vorzubereiten. Zudem war seit Beginn des Gartenprojekts unsere Anwesenheit auf dem Feld gefordert, und zwar jeden Samstag ab 14 Uhr – und dies drei

Jahre lang! Hinzu kamen Verwaltungsaufgaben wie eine anwachsende Korrespondenz, Führungen, Vorträge und die Erstellung einer Homepage für die Vernetzung der Gärten untereinander (www.stadtacker.net).

Bis ein eigener Verein – er war nötig als Vertragspartner des Landes Berlin – gegründet wurde, diente die Ideenwerkstatt Workstation e.V. als Träger. Sie brachte ein bereits beantragtes Bildungsprojekt mit in die Ehe, das zu einer besonders intensiven Zusammenarbeit mit den anderen Berliner Gemeinschaftsgärten, einem Runden Tisch mit allen Projekten des neuen Gärtnerns, einer Berliner Gartenkarte sowie einem Handbuch zum neuen städtischen Gärtnern („Wissen wuchern lassen") führte.

Eine unglaubliche Portion Zeit, Geld und Durchhaltevermögen ist nötig, um einen derartigen Community Garden zu schaffen. Hauptaufgabe der Gründergruppe war es bald, aus einem losen Miteinander von Gärtnern eine funktionierende Gemeinschaft zu gestalten. Dazu dienten nicht zuletzt Workshops, die das „Commoning" förderten. Schlichte Themen wie »Biologische Mäusebekämpfung« oder „Wie setze ich einen Komposthaufen richtig auf?" wurden zu kleinen Festen. Beim ersten großen Pick-

*Tagt seit 2013 zweiwöchentlich: Großes Gartenplenum*

*Lockte über hundert Menschen an: Erstes Garten-Picknick*

nick war bemerkenswert, dass besonders diejenigen großzügig etwas zum Essen mitbrachten, die kaum Deutsch konnten.

Seit 2014 regiert der Gemeinschaftsgarten Allmende-Kontor sich selbst als Verein. Die Arbeit blieb die gleiche: Mindestens an jedem zweiten Samstagnachmittag kommt das Plenum aller Gärtner und Gärtnerinnen zusammen, und alle 14 Tage trifft sich der erweiterte Vorstand. Daneben gibt es Arbeitsgruppen, die sich um den Internetauftritt, die Facebook-Seite, die Satzung und die Finanzen kümmern wie auch um die Zusammenarbeit mit den anderen Berliner Gartenprojekten. Einzelne beantworten zudem Presseanfragen oder führen mindestens einmal pro Woche Besuchergruppen durch den Garten.

*Feierlich eingeweiht: Gemälde auf einer Gartenkiste (rechts)*

Die Ziele der einzelnen Gruppenmitglieder sind unterschiedlich. Während die einen die Verschönerung ihres Kiezes anstreben, geht es den anderen um Umweltbelange oder um das Recht auf giftfreies Gemüse für jeden. Wieder anderen geht es um ein grundsätzliches politisches Ideal: um das Zurückfordern der Allmenden aus sozial- und umweltpolitischen Gründen – *Reclaim the Commons!* Letztlich beanspruchen alle das Recht auf ein „gutes Leben" auch in prekären

Zeiten und sehen den Garten als ein genossenschaft-
liches Zentrum der Selbstversorgung.

Gemüsegärten sind in Zeiten wachsender Armut
für viele ein Ausweg. Wer kein Geld hat, verreisen zu
können, sollte wenigstens in einer Stadt leben, die
grün ist und Allmende-Flächen für Selbstversorgerkolo-
nien bereithält. Besonders Rentner und Rentnerinnen
sowie Migranten verstehen sich oftmals auf die Kunst,
„von fast nüscht" zu leben. Haben sie nicht ein Recht
auf innerstädtische Freiflächen und Gärten?

Heute sind die wilden Beete der Allmende-Gärtner
einer der besonderen Publikumsmagnete Berlins. Sie
machen die Weite des Tempelhofer Feldes interessant,
schaffen Strukturen am Rande der ansonsten etwas
eintönigen Fläche. Spaziergänger lieben es, sich zwischen Kisten und Bänken, zwischen Sonnenblumen
und Gemüse zu bewegen, sich in die kleinen Schatten-
plätze der Birken am Künstlerbeet zu setzen und mit
den Gärtnerinnen und Gärtnern zu plaudern. Inmitten
der neuen „Gemeinheit" (*commons*) des Tempelhofer
Feldes stehen die Allmende-Gärten für ein neues
Denken. Die Gärtner krempeln die Ärmel hoch und
schaffen beispielhaft eine neue städtische Agrarkultur,
ohne Gift und Geld, sozialverträglich – und sogar
sozialintegrativ.

# Gärtnern in der Gross-stadt

## Vom Bau eines Hochbeets bis zur Auswahl des Saatguts

# Das Anlegen von Hochbeeten

Den Gemeinschaftsgärtnern auf dem Tempelhofer Feld wurde auferlegt, über der Erdoberfläche statt im Boden zu ackern. Erstens wussten die Behörden nicht, ob die Erde des alten Flughafens belastet war. Und zweitens wurden die Gärten lediglich als zeitlich begrenztes Projekt angesehen. Die Vorgabe lautete also: Kistenbeete.

Oberirdische Beete haben allerdings auch ihre Nachteile. Man benötigt Erde, die man erst einmal für teures Geld heranfahren muss. Zudem brauchen Sie das Material für die Kisten. Auch erfordert die Agrarkultur im Behälter viel mehr Wasser als ebenerdige Gärtnerei: Kisten trocknen – wie Sie vielleicht von Ihrem Balkon wissen – schneller aus.

Es gibt verschiedene Varianten des Hochbeets. Das klassische Hochbeet entspricht in etwa dem Hügelbeet, das als besondere Kulturform im Gartenbau seit eh und je bekannt ist. In den USA, wo man schon seit bald 40 Jahren auf städtischen Böden wirtschaftet, setzt man einfache Kastenrahmen auf verdächtige Böden. Diese *raised-beds* erinnern an die Kräuterbeete

*Mal mit, mal ohne Folie: Kistenbeete werden gebaut*

mittelalterlicher Klostergärten, aber auch in Ostasien kennt man das Hügelbeet. Es ist erstaunlich, was trotz geringer Bodentiefe von oft nur 20 bis 30 Zentimetern so alles wachsen kann.

Aber auch höhere Hochbeete haben ihre Vorzüge. Das Hochbeet wird zunehmend als eine rückenschonende Form des Gärtnerns entdeckt. Außerdem hat es den Vorteil, dass es eine Weile dauert, bis Mäuse und Schnecken dahinterkommen, dass da oben Interessantes wächst. Nach dem Vorbild des Kompostbeets angelegt, können Kistenbeete einen mehrfachen Ertrag erbringen.

*Hohe Kunst des Hochbeetbaus: Schutz gegen Mäusebefall*

Um ein Hochbeet zu bauen, werden Kisten, Kästen, Paletten oder Bretter benötigt. Die fertige Kiste wird – um Wasser zu sparen – oft mit einer Teichfolie ausgelegt. Der Witz beim Hochbeet ist die durchdachte Schichtung. Die unterste Schicht besteht aus groben Ästen oder Holzstücken, damit überschüssiges Wasser – nach einem Regenguss etwa – abfließen kann. Darüber werden grobe Pflanzenreste oder eine Schicht Stroh sowie eine Laubschicht platziert. Den Abschluss bildet eine etwa 40 Zentimeter hohe Schicht Erde – meist in Form von Oberboden, der mit selbstgemachtem Kompost angereichert werden kann oder auch aus reinem Kompost besteht. Empfehlenswert ist es, den Boden von einem zertifizierten Biobetrieb zu beziehen. Böden bzw. Kompost speichern und konzentrieren nicht nur Nährstoffe, sondern leider auch sehr viele Umweltgifte. Erde aus dem Super- oder Baumarkt hat den Nachteil, dass sie für manche Jungpflanzen zu stark vorgedüngt ist. Außerdem ist sie nach einer Saison ausgelaugt.

Der kontinuierliche Verrottungsprozess im Beet wärmt die Erde und liefert den Pflanzen ständig neue Nahrung. Deshalb kann ein Hügelbeet dichter als andere Beete bepflanzt werden. Der Nachteil des

*Hervorragend besucht: Workshop zum Thema Wühlmäuse*

klassischen Hügelbeets ist, dass es mit der Zeit in sich zusammenfällt und an Fruchtbarkeit verliert. Das allerdings kann durch das Auffüllen mit selbstgemachtem Kompost verhindert werden.

Viele Gemeinschaftsgärten sind Zwischennutzer. Für die daraus resultierende mobile oder nomadische Landwirtschaft emp-

*Jede Hilfe ist willkommen: Hochbeete brauchen viel Wasser*

fiehlt es sich, die Pflanzgefäße leicht zu halten. Wenn man sie in Palettengröße anlegt, kann man sie mit einem Gabelstapler wieder wegfahren. So kann der ganze Garten notfalls umziehen.

In den Gärten auf dem Tempelhofer Feld wurden die meisten Kastenbeete aus Holzresten angelegt, die

häufig den umliegenden Kellern entstammten. Sie bekamen so ihr besonderes, individuelles Aussehen. Viele der Beete wurden schon im zweiten Jahr neu angelegt, um sie mit kleinmaschigem „Kaninchendraht" gegen Wühlmäuse zu wappnen oder mittels eines Vlieses zwischen Erde und Drainage das Ausschwemmen der Erde in die Drainageschicht zu verhindern. Wenn das Vlies vergessen wird, sacken die Beete schnell in sich zusammen.

Eine andere Möglichkeit ist der doppelstöckige Aufbau in zwei übereinander platzierten Kisten, wie ihn die Prinzessinnengärten mit der Hochschule für nachhaltige Entwicklung Eberswalde entwickelten. Hier wird in die untere Kiste frischer Kompost gefüllt, und wenn dieser zusammengesackt ist, wird einfach wieder nachgefüllt. So können die Wurzeln aus dem oberen „Stockwerk" jederzeit die Nahrungsquelle erreichen. Leider sind Kisten aus Rohholz nach vier bis sechs Jahren baufällig und sollten dann nach Möglichkeit ersetzt werden. Immerhin gibt es eine Menge von winterharten Obststräuchern, die in einem Hochbeet von einem Quadratmeter jahrelang Früchte tragen können. Falls die Wühlmäuse sich durch die Abwehrmaßnahmen nicht aufhalten lassen, bleibt als kleiner Trost, dass zumindest auch schnecken- und jungmäusefressende Tiere – wie beispielsweise Spitzmäuse oder Igel – darin Unterschlupf finden können.

*Grundlage der meisten Kistenbeete: Alte Industriepaletten*

Gepflegtes Kompostieren, hinreichendes Schreddern und das regelmäßige Um- bzw. Aufsetzen eines neuen Komposts ist die Hauptvoraussetzung für eine gelingende Hochbeetkultur. In einem Nachbarschaftsgarten bereitet das Kompostieren viel Arbeit. Für jeden Gemeinschaftsgarten gilt: Wenn der Misthaufen gelingt, dann stimmt auch die Gruppendynamik in der Gartengemeinschaft.

# Das Richtige Kompostieren

Das Wichtigste in einem Biogarten ist der Kompost. Richtig angelegt, bringt er die Fruchtbarkeit in die – durch dauerndes Abernten ausgelaugten – Beete zurück. Der Kompost darf weder zu viel Sonne bekommen noch unter allzu großen Bäumen stehen. In einem ersten Behälter sammeln Sie die Garten- und Küchenabfälle. Gekochtes gehört nicht dazu, da es Ratten anlocken würde. Wenn möglich, beschaffen Sie sich von einem Bauern- oder Reiterhof ein wenig Mist von Pferden oder anderen Tieren. Sie können den Kompost damit sozusagen impfen – das Verrotten beginnt schneller. Der Mist sollte gut in den Kompost eingearbeitet werden.

*Scheidet gleichsam die Spreu vom Weizen: Kompostsieb*

Sobald genügend Material angesammelt ist, geht es darum, den Kompost gezielt aufzusetzen. Die unterste Schicht wird aus stacheligen Zweigen und Ästen gebildet. Dies dient der Belüftung und hält unerwünschte Nagetiere ab. Der gesamte Holzschnitt muss gehäckselt sein und darf maximal Fingerlänge aufweisen. Darüber kommen die halbzersetzten Abfälle. Zwischen die Lagen der Gartenabfälle wird eine dünne Schicht Gesteinsmehl gestreut. Wenn kein anderes tierisches Material da ist, brauchen Sie zudem etwas Hornmehl oder fein geschredderte Hornspäne.

Der fertige Komposthaufen hat idealerweise eine Breite und eine Höhe von jeweils 120 Zentimetern. Er sollte mit Grasschnitt, Blättern oder alten Jutesäcken abgedeckt werden. Ein so aufgesetzter und abgedeckter Kompost entwickelt in den ersten zehn Tagen eine Hitze von über 60 Grad. Danach kühlt er sich auf etwa 35 Grad ab – jetzt verrichten die Bakterien die wichtige „Entgiftungsarbeit". In einer dritten Phase kommen die Tiere, allen voran der Kompostwurm – der kleinere Verwandte des Regenwurms – sowie Assel und Milbe.

*Erhitzt sich auf 60 Grad: Richtig angelegter Kompost*

Wenn die Kompostwürmer den Haufen wieder verlassen haben, ist der Kompost fertig. Dieser wird dann durch ein Sieb geworfen, wobei die halbverrot-

*Korrekt aufgesetzt: Die Kompost-AG präsentiert ihr Resultat*

teten Teile, die im Sieb bleiben, die „Starter" für den nächsten Komposthaufen sind. In einem Gemeinschaftsgarten ist es daher sinnvoll, stets mehrere Stellen und Behälter für Kompost zu haben.

Bevor der Kompost im Herbst auf die Beete ausgebracht und eingearbeitet wird, sollte man den Boden zwecks Lüftung gelockert haben. Im Sinne der Permakultur ist es, den Kompost zum Mulchen zu benutzen oder aber – noch besser – ihn in die Hochbeete einzuarbeiten.

*Lässt den Kompostwurm in Ruhe sein Werk tun: Abdeckung*

# Die Gründüng

Spätestens drei Jahre nach dem Anlegen eines Kasten-
beets ist es sinnvoll, an den Wiederaufbau der Boden-
fruchtbarkeit zu denken. Neben dem Kompostieren
kommt eine gezielte Gründüngung in Frage. In vielen
Fällen ist es sinnvoll, die Zeit der Brache – die nach
dem Abernten des Beetes einsetzt – mit einer Gründüngung zu überbrücken.

Es gibt mehrere Möglichkeiten und verschiedene
Pflanzen, die sich dafür anbieten. Generell sollte die
Gründüngung nie aus der gleichen Pflanzenfamilie
stammen wie das Gemüse, das im nächsten Jahr angebaut werden soll.

Die Kleepflanze **Luzerne** kann den Boden bis zu
einer Tiefe von vier Metern durchwurzeln und somit
auflockern. Als Schmetterlingsblütler bindet sie Stickstoff im Boden. Die Luzerne ist eine der besten Futter-
pflanzen für Großvieh. Sie bindet, wie auch die **Lupine**,
die **Wicke** oder die **Platterbse**, Stickstoff aus der Luft.
Das bewerkstelligt sie mittels der Knöllchenpilze an
ihren Wurzeln, mit denen sie in Symbiose existiert.
Die Lupine, die früher auch an Tiere verfüttert wurde,
stellt heutzutage an Autobahnrändern einen wunder-

*Hervorragend geeignet
für die Gründüngung:
Lupine*

schön blau, lila und rosa blühenden Bodenverbesserer dar.

Schnellwüchsige Pflanzen bedecken die Erde mit einem freundlichen grünen Kleid und halten die Feuchtigkeit im Boden. Besonders **Kresse** und **Senfgrün** wachsen sehr schnell und können als scharfe Gewürze in den Salat geschnitten werden. Als Kreuzblütler sollten sie jedoch nicht unmittelbar in den Jahren vor dem Anbau anderer Kreuzblütler – wie den Kohlarten – gezogen werden.

Ersatzweise bietet sich beispielsweise die **Phacelia** aus der Familie der Wasserblattgewächse an, die zu-

*Hier neben blühender Cosmea zu sehen: Buchweizen*

gleich eine sehr gute Bienenweide ist. Auch der weiß blühende **Buchweizen** hat als Knöterichgewächs den Vorzug, dass er mit den allermeisten Gemüsepflanzen nicht verwandt ist. Phacelia und Buchweizen bringen die Beete auch im Herbst noch einmal zum Blühen. Es empfiehlt sich, die Gründüngung möglichst früh, am besten gleich nach der Ernte von Zucchini und Tomaten, zu säen. Zudem ist es auch möglich, sie schon zu säen, während Tomaten und Kohl noch reifen. Milde Spätsommertage lassen die Gründüngerpflanzen rasch wachsen. So können sie bereits zu Beginn der kalten Jahreszeit einen dicken grünen Filz über dem Beet bilden. Der hält die Feuchtigkeit im Beet, auch wenn er nur ab und an mäßig gegossen wird.

Der österreichische Kompost-Experte Alfred Grand empfiehlt eine Mischung aus **Buchweizen**, **Leindotter**, **Futtererbse**, **Phacelia**, **Platterbse**, **Sommerwicke** und

*Nebeneinander: Dicke Bohne, Phacelia und Rucola*

**Dicke Bohne**. Überall dort, wo im Winter keinerlei Möglichkeit besteht, die Beete zu gießen – wie in den Klein- und Gemeinschaftsgärten, bei denen das Wasser abgestellt wird –, ist es klüger, die Beete im Herbst gezielt mit Kompost samt Pferdemist zu bearbeiten, um sie so für das nächste Frühjahr vorzubereiten.

Gründüngung hat den Vorteil, dass die Erde auf diese Weise bedeckt ist. So kann das Bodenleben auch in der kalten Jahreszeit weitergehen, besonders in den niedrigen Kastenbeeten. In den engen, ständig austrocknenden Containerbeeten kann eine gute Gründüngung mit ein wenig Glück die natürliche Feuchtigkeit des Winterhalbjahres im Beet halten.

*Gründüngung und zugleich hervorragende Bienenweide: Phacelia*

Der Gründünger wird am besten zwischen Mitte März und April – vor der Neubepflanzung nach den Eisheiligen – mit der Handsense abgeschnitten und als Mulch liegen gelassen. Doch man kann ihn auch erst drei Wochen vor der Saat schneiden und dann gleich einarbeiten. So ist er verrottet, wenn gepflanzt werden soll. In ebenerdigen Beeten ist es auch möglich, beispielsweise **Roggen** als Gründüngung zu säen.

*Guter Gründünger und zugleich Bodendecker: Kresse*

# Die Auswahl des Saatguts

*von Andrea Heistinger*

Egal, ob man es praktisch oder agrarpolitisch sieht: Das Gärtnern beginnt mit der Saat. Erfahrene Gärtnerinnen und Gärtner wissen, dass die Verfügbarkeit von gutem Saatgut entscheidend für ein erfolgreiches Kultivieren von Pflanzen ist.

In Mitteleuropa ist in den letzten Jahrzehnten das Wissen über den Samenbau nach und nach aus

*Alte Salatsorte, die samenfest ist: Bunte Forelle*

*Fast vergessen und wiederentdeckt von Saatgutinitiativen: Eiskraut*

den Gärten verschwunden – darüber, wie man eine Salatpflanze oder einen Kohlrabi so anbaut, dass sie Samen tragen und die Sorte auch nach vielen Jahren noch gut und ertragreich wächst. Ganz anders verhält es sich in vielen Ländern Süd- und Südosteuropas. Hier werden vielerorts nach wie vor Samen von bewährten Gemüsen weitergezogen.

Ein Blick zurück: All unsere Kulturpflanzen sind in den Händen von Gärtnerinnen und Gärtnern entstanden. Vor Jahrtausenden wurden die Menschen sess-

*Wider die industrielle Pflanzenzüchtung: Demonstration*

haft und brachten eine Vielfalt von Kulturpflanzen und fruchtbaren, nachbaufähigen Sorten hervor. Erst vor zirka 100 Jahren entstand die Pflanzenzüchtung als wissenschaftliche Disziplin und als Gewerbe. Nachbaufähige Sorten geben ihre Eigenschaften in einem kontinuierlichen Erbstrom von Generation zu Generation weiter. Im 20. Jahrhundert aber schuf die industrielle Pflanzenzüchtung Hybridsorten. Ihnen ist gleichsam ein biologischer Sortenschutz eingebaut. Aus Hybridsorten kann keine neue Vielfalt mehr entstehen. Sie können nur von der Industrie in aufwendigen Zuchtschritten – und oftmals unter Einsatz verschiedener Biotechnologien – hergestellt werden. Sie rauben den Kulturpflanzen ihre Anpassungsfähigkeit an unterschiedliche Standorte. Parallel mit der Entwicklung von Hybridsorten sind im Laufe des letzten Jahrhunderts rund 75 Prozent der Kulturpflanzensorten weltweit verlorengegangen.

Ein Blick nach vorne: Die einfachste Art, als Gärtnerin oder Gärtner den Prozess der Entstehung und Weiterentwicklung von Kulturpflanzen zu fördern, ist es, konsequent keine Hybride anzubauen. Dank der Arbeit und des Engagements von Züchtungsinitiativen wie „Kultursaat", „Reinsaat", „Dreschflegel", „VEN", „VERN", „Arche Noah" und „Kokopelli" wächst die Auswahl an biologisch gezüchteten, fruchtbaren Sorten von Jahr zu Jahr an. Wer die Sorten dieser Organisationen anbaut, unterstützt damit die biologische Züchtungsarbeit.

Wer selbst Saatgut gewinnen möchte, sollte Folgen-

◁ *Ergebnis bäuerlich-gärtnerischer Züchtung: Prächtiger Speisekürbis*

des beachten: Samen erhält man immer nur von den schönsten, ertragreichsten und von gesunden Pflanzen. Den Salatkopf, den man am liebsten ernten würde, weil er so groß und dicht ist, erntet man nicht, sondern markiert ihn mit einem Stab und lässt ihn in Blüte gehen und Samen tragen. Das kann in einem kleinen Beet schon eine ordentliche Überwindung kosten. Lässt man jenen Salatkopf aber über zwei, drei Jahre Samen tragen, der rasch in Blüte geht, verlernt er schlicht und einfach, einen schönen Kopf auszubilden. Kulturpflanzen sind wandelbar – das ist ihre Stärke.

Viele Gemüsearten sind Fremdbefruchter. Das heißt, sie können sich mit einer anderen Sorte, die gleichzeitig blüht, verkreuzen. Die Samen tragen dann die Eigenschaften der beiden unterschiedlichen Elternsorten in sich. Manchmal kann daraus ein interessantes Experiment werden, aus dem eine neue Vielfalt entsteht. Allzu oft ist das Ergebnis jedoch gänzlich unbrauchbar: Die Bitterkeit der Zierkürbisse kann sich in den guten Speisekürbis einkreuzen, und ein Kohlrabi, der sich mit einem Weißkohl verkreuzt hat, bildet weder eine zarte Knolle noch einen Kohlkopf aus. Es sind also gewisse Grundkenntnisse nötig, um über viele Jahre eine gute Aussaat für das kommende Jahr selbst zu ernten. Wer gänzlich neu in der Samengärtnerei ist, lernt am besten bei jenen Gärtnern, für die das Ernten von Saatgut der eigenen bewährten Sorten noch selbstverständliches Erfahrungswissen ist. Vielleicht ist das ja die Gärtnerin vom Nachbarbeet.

# Gemüse und andere Garten- Gewächse

## Pflanzen, die sich fürs Urban Gardening eignen

# Dicke Bohnen

### Anbau und Pflege

Sie sind wieder da: die Dicken Bohnen. Sie blühen hübsch weiß oder auch gelb mit lila und sind bereits nach zweieinhalb Monaten reif.

Sie säen die Dicken Bohnen noch vor der Saison – sobald es keinen Schnee mehr gibt, möglichst Mitte Februar. Als gebürtige Europäer können sie kühle Tage gut vertragen, sogar kurze Frosteinbrüche. Frühzeitig gesetzt, wachsen sie den Blattläusen quasi davon. Läuse können in heißen Sommern Krankheiten produzieren. Auf dem Tempelhofer Feld vertreibt der ewige Wind die Blattläuse. So finde ich die Pflanze beim Allmende-Gärtner aus Peru auch noch im Juli läusefrei. Überhaupt ist die Dicke Bohne eine Frucht, die Sie das ganze Jahr über nachsäen können. Die jungen Dicken Bohnen kommen besonders bei den Gärtnern gut, die in der Nähe des Gartens wohnen, denn als Jungpflanzen müssen sie regelmäßig gegossen werden. Dies geschieht so lange, bis sie so gut verwurzelt sind, dass sie sich selbst versorgen können. Die stämmigen Pflanzen brauchen nur wenig Platz und können mit 10 bis 15 Zentimetern Abstand in der Reihe gesät werden. Wenn sie etwa einen Meter hoch gewachsen sind, kann man die Spitzen abknipsen, damit sie mehr Schoten entwickeln. Gut ist es auch, wenn man sie am Stamm leicht anhäufelt.

Die Dicken oder Großen Bohnen, *Vicia faba*, gehören zur Pflanzenfamilie der Hülsenfrüchte bzw. Schmetterlingsblütler, *Fabaceae*, und wie die Kichererbsen zur Gattung der Wicken, *Vicia*. Sie werden auch Puffbohnen, Pferdebohnen, Saubohnen oder Ackerbohnen genannt.

*Vielnamig: Saubohne*

### Herkommen und Geschichte

Die Dicke Bohne ist die einzige Bohnenart, die in Europa heimisch ist. In der Literatur taucht sie auch als Speisewicke auf, von der es früher mehr Sorten gab. Die Dicken Bohnen gerieten in Vergessenheit, weil sie als schwer verdaulich gelten. Zudem sind sie nicht gut für den Verkauf geeignet. In Massen und in enger Fruchtfolge angebaut, bekommen sie leicht Krankhei-

ten. Außerdem müssen sie per Hand aus den Schoten gepult werden – das macht keine Maschine. Man überließ sie daher den Pferden und Schweinen, die sie im Ganzen fressen. Wegen ihres hohen Eiweißgehalts wurde der Verzehr von Bohnen im 19. Jahrhundert von sozial denkenden Ärzten den mangelhaft ernährten Arbeiterfamilien empfohlen.

## Genuss und Gesundheit

Die Bauern Europas aßen die Dicken Bohnen zusammen mit Kartoffeln und etwas Butter, Speck oder Öl – ein Gericht, das den Menschen mit nahezu allem Notwendigen, nämlich Eiweißen, Kalorien und Spurenelementen, versorgt. Daher galt diese Speise als sehr kräftigend. Heute weiß man, dass Bohnen den Blutdruck senken können und die Verdauung regulieren. In der biologisch arbeitenden Landwirtschaft wird die Pflanze als Ackerbohne zur Bodenverbesserung eingesetzt: Die Pilzknöllchen an ihren Wurzeln sammeln den Stickstoff im Boden.

# Kopf- und Pflücksalate

## Anbau und Pflege

Wenn ab Ende März der Frühling kommt, sind die Lattiche die ersten Pflanzen, die ins Beet kommen oder gesät werden können. Der kühle Wind macht ihnen nichts aus. Bei gutem Wetter und ausreichender Wärme sind sie schon im Mai reif. Salat ist daher eine ideale „Vorfrucht", wie der Gärtner sagt, für Kürbisse, Zucchini und Tomaten, die erst nach den Eisheiligen Mitte Mai ins Beet dürfen.

Salate sind sogenannte Lichtkeimer. Ihre zarten Samen dürfen nur mit einem Hauch von Erde bedeckt werden. Zu dicht wachsende Salatpflänzchen können als *baby leafs* geerntet und gegessen werden, damit der optimale Abstand zwischen den Pflanzen erreicht wird. Dieser beträgt beim Kopfsalat etwa 30 Zentimeter, die

Der Salat, *Lactuca sativa*, gehört zur Pflanzenfamilie der Korbblütler, *Asteraceae*. Die lateinische Bezeichnung *Lactuca*, aus dem sich das Wort Lattich herleitet, spielt auf den Milchsaft an, den die Pflanze – wie der Löwenzahn – produziert, wenn sie gebrochen wird.

*Sortenreich: Salat*

Pflücksalate können auch enger stehen. Wem das Ausdünnen zu mühselig ist, dem sei gesagt: Einige Biobauern haben sich auf die Anzucht von Salaten spezialisiert. Das Pflanzen von Setzlingen garantiert auch dem noch so unkundigen Gärtner raschen Erfolg. Jungpflanzen dürfen nicht zu tief eingegraben werden, weil die Blätter sonst leicht faulen. Frisch gesetzt, soll der Salat „flattern". Je früher er ins Beet kommt, desto besser. Auf diese Weise wächst er den Schnecken quasi davon. Alle Salatsorten oder Lattiche gedeihen gut in „Mischkultur" mit Radieschen und Erdbeeren, Kohlrabi, Tomaten oder Zwiebeln. Die Biogarten-Autorin Andrea Heistinger empfiehlt eine Mischkultur mit Artischocken oder Andenbeeren. Für den Sommer empfiehlt sie die Aussaat einer Sortenmischung von Bunten Salaten und Zichorien mit Rucola – zumal die Pflücksalate immer wieder nachwachsen. Römersalate halten dank ihrer kräftigen Blätter heiße Sommer besonders gut aus.

### Herkommen und Geschichte

Bereits im alten Rom aß man Salat, wie die aus dem Lateinischen stammende Bezeichnung Lattich zeigt – wenn vielleicht auch nur als Kochsalat. Besonders im 19. Jahrhundert wurde eine ungeheure Artenvielfalt entwickelt, die jedoch im Zuge der Industrialisierung der Landwirtschaft ab 1950 wieder verschwand. Dank der Arbeit und des Engagements mehrerer Saat-

gutinitiativen gibt es heutzutage wieder die alten Sorten. „Bunte Forelle" als zarter bunter Kopfsalat oder „Lolo Rosso" als roter Pflücksalat. Die Humboldt-Universität führte in Zusammenarbeit mit dem Landwirtschaftsministerium Versuche zur „On-Farm-Erhaltung alter Salatsorten" durch.

### Genuss und Gesundheit

Wenn die Vögel die zarten Pflänzchen nicht auszupfen, hat man im Frühling schnell wieder frisches Grün auf dem Teller, was sehr wichtig für die Versorgung des Körpers mit Vitamin C ist. Hildegard von Bingen sprach gar von einer „Grünkraft", die unabdingbar für das menschliche Leben sei. Bei den Bauern galt der Salat als Durstlöscher. Zudem sind seine Bitterstoffe verdauungsfördernd, weshalb die Franzosen ihn immer erst am Ende der Mahlzeit verzehren. Da die Bitterstoffe zudem beruhigend wirken, werden Salate auch zum Nachtmahl empfohlen. Der französische Kräuterspezialist Maurice Mességué verschrieb einer Amerikanerin mit eigenem Garten den Verzehr von Salat als Schlaftherapie – mit Erfolg. Er empfiehlt, Salat aus dem eigenen Garten zu verspeisen, wenn man vor Agrargiften, vor Pestiziden und Fungiziden sicher sein will. Die alten Römer allerdings verstanden den Lattich als ein Liebeskraut: Er ist reich an Vitamin E, das den Eisprung fördert. Andere Völker hingegen mieden Salat, da sie glaubten, er führe zur Unfruchtbarkeit.

*Jungpflanze alter Sorte*

# ZICHORIE, RADICCHIO UND CHICORÉE

## Anbau und Pflege

Radicchio und Zuckerhut, eine Zichorien-Art, werden wie Salat ab Mitte März in Abständen von etwa zwei Handbreit in Reihen gesät und nach etwa acht bzw. zwölf Wochen geerntet. Im Herbst kann man ihre Wurzeln ausgraben und sie in einem Keller lagern. So kann während des Winters der weiße Chicorée-Salat daraus gezogen werden. Da die Korbblütler Pfahlwurzeln bilden, eignen sie sich nur für den Anbau in sehr tiefgründigen Kisten. Lediglich die Schnittzichorie, der man für eine größere Wurzelbildung kaum die Zeit gibt, kann in Containern angebaut werden.

Radicchio, Zuckerhut und die löwenzahnblättrige Zichorie, Cichorium intybus, sind die bitteren Salate der Zichorienverwandtschaft. Wie ihre wilde Mutter, die Wegwarte, gehören sie zu den Korbblütlern, den Asteraceae.

## Herkommen und Geschichte

Zichorie, Radicchio und Chicorée sind Kulturformen der wunderschön hellblau blühenden Wegwarte, die ab Juli blüht, allerdings bereits um die Mittagszeit ihre Blüten schließt. Sie ist in ganz Europa, in Nordafrika und Sibirien beheimatet. In frühneuzeitlichen Gärten wurden „Zahme Wegwarten" als Wintersalat gezogen. Ihre Blätter waren weniger scharf gezackt

*Hübsch: Wilde Wegwarte*

*Zichoriensalat*

als die der wilden Wegwarte. Ab dem 18. Jahrhundert wurde die Wegwarte zu einer dickeren Wurzel gezüchtet, die man rösten konnte. Damit verlängerte man den teuren Bohnenkaffee. Im 19. Jahrhundert etablierte sich die bittere Wurzel als Lieferantin für den Zichorienkaffee als Kaffeersatz. Der weiße Chicorée wurde erstmals im frühen 19. Jahrhundert in Brüssel gezüchtet, als „Brüsseler Witloof".

*Junge Zichorienpflanzen*

## Genuss und Gesundheit

Man kann Radicchio und Zichoriensalat roh als Salat mit anderen Salaten mischen oder auch kochen. Ebenso kann man Chicorée dünsten oder etwa mit Apfelsinen, Rosinen und Meerrettich zu Salat verarbeiten. Die Bitterstoffe der Wegwarte gelten als blutreinigend, da sie die Leber und die Bauchspeicheldrüse zu vermehrter Sekretion anregen. Wegwarten sind mittels Kationenbindung auch in der Lage, das Ausscheiden von Schwermetallen aus dem Blut zu veranlassen. Zudem glaubt man, dass Zichorien- und Chicorée-Salate helfen, den Blutdruck sowie die Blutfette zu senken, und gut für die Darmflora seien.

# AMPFER UND RHABARBER

## Anbau und Pflege

Den Sauerampfer schenkten mir türkische Mitgärtner als Ableger – eine wunderbare Entdeckung. Sauerampfer ist eine der ersten Pflanzen im Gartenjahr. Bereits im Frühjahr liefert sie das erste Grün. Wenn man die Pflanze gut beerntet, jedoch die Herzblätter stehenlässt, kommt sie einige Male wieder. Die Pflanze ist anspruchslos und verträgt Schatten.

Der Rhabarber braucht Winterfröste und einen sauren, feuchten Boden. Bevor man die Staude erstmals in den Boden pflanzt, empfiehlt es sich, diesen tief umzugraben und gut zu kompostieren. Der Rhabarber braucht außerdem sehr viel Wasser.

Steht die Staude erst einmal, kann man jahrelang Rhabarber ernten. Dazu dreht man die Stengel vorsichtig aus und lässt stets die Herzblätter stehen. Auftauchende Blütenstände sollten entfernt werden, da sich die Blätter der Pflanze ansonsten zurückbilden. Im Hochsommer lässt man die Pflanze für das nächste Jahr wieder zu Kräften kommen. Wie der Sauerampfer ist auch der Rhabarber eine mehrjährige Staude, die sich selbst fortpflanzt.

Sauerampfer, Rumex acetosa, und Rhabarber, Rheum rhabarbarum, gehören zu den Knöterichpflanzen, Polygonaceae.

## Herkommen und Geschichte

Der Gebrauch von Gemüseampfer, *Rumex patientia L.*, war früher in ganz Europa verbreitet. Da er besonders in England sehr beliebt war, bezeichnete man ihn auch als Englischen Winterspinat. Bereits die Römer der Antike verwendeten verschiedene Ampfarten als Gemüse oder als Heilmittel. In mittelalterlichen Klöstern wurde der Sauerampfer als Abführmittel genutzt. Der Römische oder Französische Sauerampfer, *Rumex scutatus L.*, war besonders in Südeuropa, in den Alpen und im Balkan verbreitet. Die heutige großblättrige Zuchtform, *Rumex acetose*, entstand erst vor etwa 200 Jahren.

Früh: Sauerampfer

Der Rhabarber stammt ursprünglich aus der Mongolei. Über Russland kam er nach Europa, wo ihn Erwerbsgärtner in England und Hamburg weiterzüchteten. Um 1848 soll er in Kirchwerder bei Hamburg erstmals auf Feldern angebaut worden sein. Rhabarber wird oft als Obst und nicht als Gemüse klassifiziert. Der Grund ist, dass man ihn in der Regel mit Zucker zu Kompott verkocht. In den USA ist er sogar per Gesetz als Obst definiert worden.

## Genuss und Gesundheit

Beide Pflanzen, Sauerampfer und Rhabarber, sind im Frühjahr mit die Ersten, die Frisches liefern. Den Sauerampfer kann man beispielsweise in einer Frühlingsgemüsesuppe kochen. Ebenso kann man ihn aber auch roh essen oder mit anderen Salaten mischen. Die zarten Blätter braucht man höchstens 10 Minuten zu kochen. Sauerampfer und Rhabarber enthalten Chlorophyll, Vitamine, Mineralsalze und Fruchtzucker. Beide haben zudem eine leicht abführende Wirkung. Der rote Rhabarber ist nicht so sauer wie der grüne – man kann ihn statt mit Zucker auch mit Honig oder Rosinen süßen oder zusammen mit einem von Natur aus süßen Haferbrei servieren. Aber es gilt ja: Sauer macht lustig! Die Säure regt die Produktion des Glückshormons Serotonin im Gehirn an. Gicht- und Rheumakranke sollten Sauerampfer auf Grund seiner Oxalsäure meiden.

# Rucola, Kresse und Meerrettich

### Anbau und Pflege

Kresse und Rucola können bereits im April ausgesät werden. Beide Pflanzen ergeben erfrischende Frühlingsernten: Wenn sie flach genug ausgesät werden – sie sind Lichtkeimer – und das Wetter einigermaßen mitspielt, wachsen sie schon nach etwa fünf Wochen zu einem schönen grünen Blätterflor heran. Kresse und Rucola sind zugleich als Gründüngung einsetzbar, da sie lange Wurzeln bilden und damit den Boden tiefgründig auflockern.

Der Meerrettich ist eine großblättrige Staude, die viele Jahre an derselben Stelle wächst. Man erntet ihn im Herbst – und zwar Teile der Pfahlwurzeln, die in der Regel von der Pflanze nachgebildet werden. Der Meerrettich verträgt auch Halbschatten.

Rucola, *Eruca sativa*, auch Rauke genannt, Kresse, *Lepidium sativum*, und Meerrettich, *Armoracia rusticana*, gehören zur Familie der Kreuzblütler, *Cruciferae* oder *Brassicaceae*.

### Herkommen und Geschichte

Rucola, die gute alte Gartenrauke, war völlig vergessen, bis die Pflanze über Italien schließlich wieder in unsere Küchen und Gärten kam. Ihre Verwandte, die mehrjährige Wilde Rauke, *Diplotaxis tenuifolia*,

*Mehrjährig: Meerrettich*

wächst – ganz ohne gärtnerische Hilfe – an Straßen-
rändern und auf Schuttgrundstücken.

*Meerrettichwurzeln*

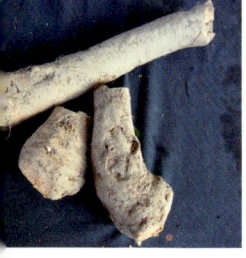

Die Kresse kommt in über 180 verschiedenen Arten
auf der ganzen Welt vor. In der Volksheilkunde verwendete man sie gegen Gicht, Kopfschmerzen und
Lähmungen. Ab 1888 begann bei Kopenhagen der
Anbau von Brunnenkresse en gros. Seit rund 30 Jahren
zieht man bei uns Kresse, deren Sprossen als krebsvorbeugend gelten, vorm Küchenfenster.

Meerrettich wird aufgrund der extremen Schärfe
seiner Wurzel nur dazu benutzt, Gewürzpasten herzu-
stellen. Er kommt aus Ost- und Mittelosteuropa und
war bereits in der Antike bekannt. Man baute ihn
schon zu Zeiten Karls des Großen an. Heute gibt es
Dörfer und Regionen wie den Spreewald, die sich auf
den Meerrettichanbau spezialisiert haben.

## Genuss und Gesundheit

Rucola und Kresse sind aufgrund ihres Senfölgehalts
sehr scharf und sollten daher immer mit anderen
Salatsorten gemischt werden. Man kann sie auch als
grüne Zutat zu einer Gemüsesuppe oder Senfsauce
dazugeben. Der Meerrettich enthält viele Vitamine und
Spurenelemente. Die scharfen Senföle wirken für Leber
und Galle anregend. In Sibirien wird der Meerrettich
zusammen mit Honig auch erfolgreich bei Infektionen
der Atemwege angewendet. Man kann Meerrettich
auch gegen Asthma einsetzen – jedoch nur dann,
wenn man keinen allzu empfindlichen Magen hat.

# Radieschen und Rettich

### Anbau und Pflege

Radieschen findet man im Frühjahr fast in jedem Beet. Und ein Bauerngarten ohne eine Ecke mit einem wuchtigen Rettichgewächs ist ebenfalls kaum vorstellbar.

Während Sie Rettich erst im April säen sollten, können Radieschen schon im Februar oder März gesät werden. Wenn Sie das ganze Jahr über Radieschen ernten möchte, sollten Sie öfter nachsäen, bis in den Herbst hinein. Radieschen zu ziehen ist leicht. Da sie schnell wachsen und auch bald reif sind, eignen sie sich gut für das gemeinsame Gärtnern mit Kindern. Als sogenannte Schwachzehrer, die auf nährstoffarmem Boden wachsen, brauchen sie keine Düngung, und im Fall einer Fruchtfolge bieten sie sich für die Aussaat im dritten Jahr – wenn der Boden weniger humos ist – an. Allerdings müssen sie regelmäßig gewässert werden, da sie anderenfalls vorzeitig zu blühen beginnen und sehr scharf werden. Versäumt man es, sie rechtzeitig zu ernten, werden sie hohl und holzig.

Rettiche hingegen sind mehrjährige Tiefwurzler, die jahrelang in ihrem Beet bleiben können. Nachdem das Laub abgefallen ist, gräbt man die Wurzel aus. Die restlichen Teile der Wurzel treiben im nächsten Jahr wieder aus.

Radieschen und Rettich, *Raphanus sativus*, gehören zu den Kohlverwandten, den Kreuzblütlern, *Cruciferae* bzw. *Brassicaceae*. Vom lateinischen *radix* (Wurzel) stammt die althochdeutsche Bezeichnung *retih*, aus der sich das bayerische „Radi" ableitet.

*Pflegeleicht: Radieschen*

### Herkommen und Geschichte

Der Rettich stammt aus Nordchina, wo er seit Tausenden von Jahren kultiviert wird. Noch heute wird weltweit der meiste Rettich in Ostasien angebaut und verzehrt. Meine koreanische Mitgärtnerin macht aus der ganzen Pflanze, die gezackten Blätter eingeschlossen, Kimschi – jene scharfe sauerkrautartige Kost mit

viel Paprika, welche die Koreaner so sehr lieben. Bereits die alten Ägypter – wie auch die Griechen und Römer – aßen Rettich. Das heutige Radieschen hingegen ist eine neuere Züchtung. Die frühere Volksmedizin kannte zahlreiche Anwendungen des Rettichs: Er wurde z.B. als Haarwuchs- oder Hustenmittel genutzt, seine (gekochten) Samen halfen gegen Pilzvergiftungen, und die Blätter wurden, zu einem Brei gestampft, zur Heilung von Euterentzündungen bei Kühen eingesetzt.

### Genuss und Gesundheit

Wenn man Radieschen salzt und 10 Minuten stehen lässt, verlieren sie einen Teil ihrer Schärfe. Radieschen und Rettiche sind aufgrund ihrer Basenlastigkeit gesund. Laut Volksmedizin versüßen sie sogar das Blut. Ihre Wurzeln enthalten neben viel Vitamin C auch zahlreiche Spurenelemente. Aufgrund ihres Gehalts an Senfölen funktionieren sie als Darmputzer: Sie töten Bakterien und behindern das Pilzwachstum.

Rettiche regen Leber- und Gallenfunktionen an und können so der Bildung von Gallen- und Nierensteinen entgegenwirken. Pfarrer Kneipp empfahl, den Rettich ungesalzen zu verzehren, da die heilende Wirkung auf den Darm dadurch vergrößert werde. Auch auf andere Körperteile soll der Rettich anregend wirken. Ob sich der „Radi" auf dem Vesperbrot in Bayern deshalb durchgesetzt hat?

# Spinat

### Anbau und Pflege

Der Spinat ist eine zweijährige und zweihäusige Pflanze. Zweihäusigkeit bedeutet, dass weibliche und männliche Blüten auf verschiedenen Pflanzenindividuen vorkommen. Die weiblichen Blüten sitzen in den Blattansätzen. Die Blätter des Spinats stehen wechselständig. Als junge Pflanze bildet der Spinat eine liegende Blattrosette aus dreieckigen, länglichen, gezackten Blättern.

Der Spinat, *Spinacia oleracea*, gehört zur Familie der Fuchsschwanzgewächse, *Amaranthaceae*.

Die merkwürdig eckigen Spinatsamen können entweder schon im Februar oder erst im Herbst ausgesät werden. Die Beete meiner afghanischen, irakischen und kurdischen Mitgärtner sind ohne Spinat nicht vorstellbar. Vor dem Winter gesät, halten die Samen die Feuchtigkeit im Boden. Ende September 2013 säten wir Spinat und Feldsalat im Peter-Lenné-Beet im Allmende-Garten. Im Dezember bedeckte ein zarter grüner Flor das Beet, und Ende März war der Spinat erntereif. Auf dem Gleisdreieck hingegen gedieh der Spinat nicht: Mangelhafte Bodenverhältnisse wie Bauschutt als Untergrund mag er nicht.

Der Spinat lässt sich zusammen mit Möhren und Zwiebeln setzen oder auch mit Kartoffeln und Radieschen in einem Beet ziehen. Spinat ist nach kaum zwei Monaten erntereif. Er eignet sich als Vor- und Zwischenfrucht, etwa zwischen Erdbeeren und Tomaten. Spinat ist wie alle Amarantpflanzen selbstunverträglich, das heißt, man sollte ihn nicht direkt wieder am selben Ort neu aussäen. Es empfiehlt sich, ein Gartentagebuch zu führen und eine bestimmte Fruchtfolge zu beachten. Der Spinat ist eine gute Gründüngungspflanze, da seine Pfahlwurzeln bis zu über einen Meter tief in die Erde wachsen und wertvolle Nährstoffe aus tieferen Bodenschichten hochholen können.

*Junge Spinatpflanzen*

*Typische Blattform*

## Herkommen und Geschichte

Die Spinatpflanze kommt aus Asien – dort bauten bereits die alten Perser den *aspinakh* an. Ab dem 7. Jahrhundert wurde die Pflanze von den Arabern übernommen, welche sie über Spanien nach Europa brachten. In Europa ist der Spinat seit dem Mittelalter bekannt, er verdrängte hier die Gartenmelde. Bis heute bildet der Spinat den Hauptbestandteil der grünen (Fisch-)Suppe, die es in Spanien vor Ostern gibt. Ist der Spinat etwa das Symbol der „Grünkraft", die Hildegard von Bingen als Hauptgesundheitsmittel pries?

*Früh zu ernten: Spinat*

## Genuss und Gesundheit

Die arabischen Ärzte setzen den Spinat als Leberheilmittel bei Gelbsucht ein. Der französische Naturheiler Mességué empfiehlt ihn auch bei Magenleiden. Spinat regt die Verdauung an und enthält Vitamine und Spurenelemente. Der Spinat ist basenüberschüssig – angesichts unserer meistens übersäuerten Ernährung also eine gute Ausgleichskost. Problematisch ist allerdings der aus konventionellem Anbau stammende Spinat, weil er das überschüssige Nitrat aus dem Boden sammelt. Auch zu viel Kompost kann zu überhöhten Nitratwerten in den Blättern führen. Kinder mögen den Spinat oft nicht, weil er Oxalsäure enthält, weshalb Gicht- und Rheumakranke ihn tatsächlich meiden sollten.

# MOHRRÜBEN

### Anbau und Pflege

Mohrrüben sind zweijährige Doldenblütler. Man erkennt sie am dunklen Punkt im Blütenstand und an der Nestform des Samenstandes.

Mohrrüben zu ziehen ist nicht leicht. Auch wenn man sie sehr früh sät, dauert es lange, bis sie sich zeigen. Deshalb bietet es sich an, sie in gemischten Reihen mit Radieschen anzupflanzen. Die sprießen viel eher als die Mohrrüben und machen ihnen Platz, nachdem sie geerntet sind. Auf dem Tempelhofer Feld bietet die windige Lage einen gewissen Schutz gegen die Karottenfliege. Dafür werden die Mohrrüben allerdings leicht Opfer zaghafter Gärtner, die sich nicht trauen, sie auszudünnen – stehen die Pflanzen zu eng, müssen einige von ihnen entfernt werden, damit die anderen dick werden können – oder von Kindern, die sie oft viel zu früh ziehen, weil sie die fünf Monate bis zur Ernte nur schlecht abwarten können.

*Mohrrüben, Daucus carota subsp. sativus, gehören zu den Doldenblütlern, Umbelliferae oder Apiaceae. Sie werden je nach Region auch als Möhren, Karotten, Wurzeln, Rote oder Gelbe Rüben bezeichnet.*

### Herkommen und Geschichte

Mohrrüben gehören zu den Gemüsen, die in Europa und besonders in Kleinasien wild vorkommen. Wilde Möhren finden sich als Ruderalgrün auf Bauschutt-

*Möhren und Rote Bete*

*Mohrrübe mit Kopfkohl*

grundstücken. *Mohra* ist ein slawisch-germanisches Wort für die essbare Wurzel. Die heutige rote Mohrrübe wurde erst zu Beginn der Neuzeit in den Niederlanden aus den damaligen Gelben Rüben gezüchtet. Deren Wildform stammt vermutlich aus Afghanistan. Heute ist die Mohrrübe eines der meistgekauften Gemüse.

## Genuss und Gesundheit

In der italienischen Küche besteht eine gute Grundsauce stets aus Zwiebeln, Mohrrüben und Sellerie. Karotten wirken basisch, sie senken das Cholesterin im Blut. In der nordamerikanischen Volksmedizin gelten Möhren als hilfreich bei Nervosität, Hautkrankheiten und Wassersucht. In den USA erbrachten zahlreiche Studien, dass das Betakarotin in den Mohrrüben krebshemmend wirkt. Auch schärft es das Sehvermögen und ist gut für die Haut. Dafür muss die Möhre allerdings gekocht werden und mit Fett versetzt sein, weil unser Körper nur so das Betakarotin in verwertbares Karotin umwandeln kann. In der Volksmedizin galt die Mohrrübe auch als Mittel gegen Würmer und andere Darmbeschwerden vor allem bei Kleinkindern.

# Topinambur

### Anbau und Pflege

Meine größten Gartenerfolge erziele ich mit Topinambur, der Erdbirne. Der Topinambur blüht im September wie eine kleine Sonnenblume. Man isst die Knolle, die sich den ganzen Winter über im Boden frisch hält.

In meinem Beet im Allmende-Kontor entpuppte sich der Topinambur als eine Art überquellendes Hirsetöpfchen in Grün. Von einer einzigen Pflanze versorgte ich „ganz Berlin" mit Ablegern. Zunächst wuchs der Topinambur langsam in meinem halbschattigen Beet, bis er schließlich innerhalb eines Jahres zu einem stattlichen, sonnenblumenartig blühenden Gebüsch wurde. Bereits im zweiten Jahr war er so groß geworden, dass er das kleine Beet vollständig eingenommen hatte. Die eine Hälfte seiner Knollen wanderte in den Topf, die andere Hälfte setzte ich in schlecht geschnittene Hecken öffentlicher Anlagen, da die Pflanze als Sonnenblume einen hübschen Heckenverdichter abgibt. Zudem ist Topinambur ein Bodenverbesserer, der den Boden lockert. Schließlich pflanzte ich weitere Knollen in die verseuchte Erde eines Kleingartens. Zwei, drei Jahre lang im Boden, soll die Knolle diesen von Giftstoffen befreien. So ist auch gleich die heute streng geschützte Weinbergschnecke mitversorgt.

Im Allmende-Kontor auf dem Tempelhofer Feld wurde der Topinambur geradezu „invasiv": Ab dem dritten Jahr wanderten die Erdbirnen ganz selbständig von einem Beet ins nächste. Da der Topinambur nicht nur magere Böden, sondern auch unregelmäßige Wassergaben verträgt, breitet er sich so schnell aus wie sonst nur Melde, Borretsch und Natternkopf. Kurzum: Topinambur eignet sich ideal für das Guerilla-Gardening – er ist der Grundstock für die essbaren Landschaften der Zukunft!

Der Topinambur, *Helianthus tuberosus*, gehört zu den Korbblütlern, *Asteraceae*. Man nennt ihn je nach Region u.a. Erdbirne, Rosskartoffel, Herdmandle oder Schweinebrot.

*Hecke mit Topinambur*

*„Kleine Sonnenblume"*

### Herkommen und Geschichte

Der Topinambur kommt aus Nord- und Mittelamerika. Die Knolle ernährte die Steppenindianer – besonders im Frühjahr, wenn die Vorräte aufgebraucht waren und noch keine weiteren Pflanzen wuchsen. Im Mittleren Westen bauten die Indianer den Topinambur auf runden Hügelbeeten an. Anfang des 17. Jahrhunderts gelangten die Knollen durch französische Forscher aus dem südlichen Amazonasgebiet nach Europa, wo sie zur besonderen Delikatesse der gehobenen Küche wurden. Der Name Topinambur leitet sich von dem brasilianischen Indianerstamm ab, bei dem man die Knolle fand: den Tupi-Guarani, auch Tupinambas genannt. Heute wird der Topinambur in der Lebensmittelindustrie als Geschmacksverstärker genutzt.

### Genuss und Gesundheit

Man kann die Knolle roh essen oder wie Pellkartoffeln kochen. Nach kurzem Abschrecken löst sich die Schale wie von selbst. Sie schmeckt sogar ungewürzt, Jerusalemartischocke heißt sie daher im Englischen. Topinambur soll eine appetitzügelnde Wirkung haben. Er liefert den Diabetikern die ungefährliche Süße Inulin und regt gleichzeitig die Insulinproduktion der Bauchspeicheldrüse an. Die Knolle enthält zudem viele Vitamine und Spurenelemente, insbesondere Kalium.

# Gartenerbsen

## Anbau und Pflege

Erbsen gehören wie Bohnen zu den Schmetterlingsblütlern und können roh gegessen werden. Robuste
Erbsensorten können Sie bereits bei noch niedrigen
Bodentemperaturen im März säen. Dazu stecken Sie
die Erbse etwa drei Zentimeter tief in die
Erde und halten zwischen den Erbsen
einen Abstand von etwa vier bis
sechs Zentimetern in einer Reihe.
Die Markerbsen und die Zuckererbsen hingegen säen Sie erst
Anfang April, denn sie vertragen
Kälteeinbrüche weniger gut. Die
höherwachsenden Sorten benötigen nach einem Monat ein
Rankgerüst aus alten Zweigen. Sie
stecken die Zweige seitlich von den
Reihen in den Boden und binden sie
oben zusammen. Sobald die Erbsen erste Blätter zeigen, können Sie den Boden hacken und die Erde
leicht aufhäufeln. Zuckererbsen werden bereits Mitte
Juni bis Anfang Juli im grünen Stadium geerntet.
Die Kinder dürfen einige Schoten roh essen. Die
Palerbsen lassen Sie stehen, bis im Herbst die Schoten
trocken sind. Sie ernten die kompletten Büsche,
hängen sie kopfüber an eine trockene Stelle und
können sie im Winter aus ihren Schoten pulen (palen).
Gut wachsen die Erbsen in Mischkultur mit Mangold
und Roten Beten, die, nachdem die Erbsen abge-
erntet sind, deren Platz einnehmen können. Aber auch
die Gerste gibt einen geeigneten Partner für eine
Mischkultur ab, da die Erbsen an ihren Halmen hochranken können. Die Erbse reichert den Boden mit
Stickstoff an und ist daher eine gute Vorfrucht für
sogenannte Starkzehrer – Pflanzen, die dem Boden
viele Nährstoffe entziehen und Dünger benötigen –
wie Kohlpflanzen. Da sie selbstunverträglich ist, sollte
sie erst nach fünf Jahren wieder in dasselbe Beet
gesetzt werden.

Die Gartenerbsen,
Pisum sativum, gehören
wie die Bohnen zu den
Schmetterlingsblütlern,
Faboideae, bzw. zu den
Hülsenfrüchten,
Leguminosae.

Populär: Palerbsen

## Herkommen und Geschichte

Früher kochte man in den Alpen gerne Gerstensuppe mit Erbsen. Im Heimatmuseum in Wandlitz bei Berlin kann man heutzutage Gerätschaften begutachten, mittels derer man die Gerste zu „rollen" – zu entspelzen – pflegte. Auch die Erbsen wurden möglichweise in den gleichen Mörsern „gestampft" bzw. gedroschen. Die Erbsen stammen aus Kleinasien und kamen als ungewolltes Beikraut mit dem Getreideanbau nach Europa. Bereits die Wanderfeldbauern in der Bronzezeit bauten Erbsen an. Damals zog man nur diejenigen Erbsen, die am Strauch blieben, bis sie völlig reif waren. Sie wurden getrocknet aufbewahrt. Im 17. Jahrhundert begannen Bauern in den Niederlanden, Zuckererbsen für ihre städtischen Abnehmer anzubauen. Im 19. Jahrhundert lernte man, sie einzuwecken. Im Deutsch-Französischen Krieg von 1870/71 schließlich gelang der sogenannten Erbswurst der Durchbruch: dem ältesten industriell hergestellten Fertiggericht, einer Portionstablette, die, zerdrückt und in Wasser aufgelöst, zur Erbsensuppe wurde und wesentlich zum Siegeszug der Tütensuppe bei der Zivilbevölkerung beitrug.

## Genuss und Gesundheit

Aufgrund ihres hohen Eiweißgehalts sind Erbsen gut für Vegetarier und Veganer geeignet. Zudem enthalten Erbsen alle essentiellen Aminosäuren und zahlreiche Spurenelemente. Ein kräftiger Erbseneintopf mit Rüben und Getreide war jahrhundertelang – bis sich um 1800 die Kartoffel durchsetzte – eine beliebte Speise der Landbevölkerung. Vor allem die nordeuropäischen Bauern, die sich für den Winter einen Vorrat aus geräucherten Speckschwarten anlegten, stellten fest, wie gut Erbsen und Speck miteinander harmonieren, und noch heute offerieren Landgasthäuser Erbsensuppe mit Speck oder Wurst.

Nun weiß man zudem, dass Erbsen den Cholesterinspiegel senken und gleichzeitig als Nierenschutz fungieren. Außerdem sollen sie die Abwehrkräfte stärken.

# Speise- und Steckrüben

*Sättigend: Steckrübe*

### Anbau und Pflege

Die meisten Speiserüben gehören zu den Kohlverwandten und sind anspruchslose Pflanzen, die unter nahezu allen Bedingungen wachsen. Vermeiden sollte man es jedoch, sie in Kastenbeete zu setzen, die nicht sehr tief und zudem nach unten geschlossen sind.

Mairüben und vor allem die Teltower Rübchen können Sie bereits im März oder April säen. Sie begnügen sich mit leichten Böden oder sogar mit Sandböden. Beide sind nach zwei bis drei Monaten, also im Juni, erntereif. Im Garten kommen sie unter Umständen mit der Winterfeuchte des Bodens aus. Sie können sie ein paar Mal nachsäen. Die Pflänzchen müssen ausgedünnt werden und dürfen nicht zu eng stehen – je nach Rübenart ist im Kistenbeet ein Abstand von einer Handbreit oder mehr sinnvoll.

Speise- und Steckrüben, *Brassica napus subsp. napobrassica*, gehören zu den Kreuzblütlern, Brassicaceae. Die Namen für die verschiedenen Rüben sind vielfältig: Speise- oder Mairübe, Weiße Rübe oder Rübse, Steck- oder Kohlrübe oder Wruke.

*In Berliner Kastenbeet*

Auch Steckrüben werden gesät. Werden sie als Nachfrucht angebaut, kommen sie erst Mitte Juli ins Beet. Gegen Kohlerdflöhe hilft kräftiges Abbrausen mit Wasser. Herbstrüben müssen gegossen werden. Die Steckrüben werden geerntet, wenn sie etwa so groß wie eine Hand sind.

### Herkommen und Geschichte

Steckrüben bildeten in Notzeiten oftmals eine entscheidende Lebensgrundlage. So ging der Kriegswinter 1916/17, der auf eine Kartoffelmissernte folgte, als „Steckrübenwinter" in die Annalen ein. Mit ihrem hohen Gehalt an Senfölen schmecken die Steckrüben allerdings so aufdringlich, dass die Bevölkerung – zumal ihr Fett und Gewürze wie Ingwer und Suppengrün

*Auf New Yorker Markt*

fehlten – ihrer bald überdrüssig war. Eng verwandt mit der Steckrübe ist der Raps, *Brassica napus*, den man noch im frühen 20. Jahrhundert als Gemüse aß, bevor er für die Ölproduktion genutzt wurde. Aus diesen Winterrüben machte man vor allem Rübenmus. Der diente übrigens nicht nur als Speise, sondern wurde auch zur Heilung auf Furunkel oder Frostbeulen gestrichen.

### Genuss und Gesundheit

Die Mairüben oder die Teltower Rübchen werden im Topf mit Wasser gekocht. Die Steckrüben hingegen werden traditionell zu Eintöpfen mit Zwiebeln, Kartoffeln und Fleisch verarbeitet. Die kräftigen Eintöpfe sind nahrhaft und sättigend. Heutzutage gibt es auch sehr gute vegetarische Rezepte. Man kann Steckrüben dünsten, in einer Auflaufform zubereiten oder zu Brei verarbeiten. Sie bestehen aus Wasser, ein wenig Eiweiß, Fetten und Kohlenhydraten und sind deshalb sehr kalorienarm. Zudem enthalten sie die Vitamine B1, B2, C sowie Kalzium. In der Naturheilkunde werden sie als Mittel gegen Bronchitis, Angina und Gicht empfohlen.

# Kartoffeln

## Anbau und Pflege

Ein Garten ohne Kartoffeln – undenkbar. Die ernte-
reifen Kartoffeln auszubuddeln macht einfach Spaß.
Man kann sie gleich am offenen Feuer im Topf kochen
oder mit der Schale in der Glut garen. Die grünen
Stellen auf den Kartoffeln sollten jedoch nicht mit
verzehrt werden, da sie giftig sind. Kartoffeln gehören
zu den Nachtschattengewächsen.

Nichts ist besser, als einen neuen Garten mit
einer feierlichen Kartoffelsetzung zu beginnen.
Die Kartoffeln lockern den Boden und berei-
ten ihn somit für den neuen Gemüseanbau
vor. In den 1950er Jahren bepflanzten die
Flüchtlinge aus dem ehemaligen deutschen
Osten ihre Gärten eine Saison lang mit
Kartoffeln oder Lupinen.

Kartoffeln sind leicht anzubauen, da sie
nicht empfindlich sind. Als wir auf dem Gelände am Gleisdreieck in unseren ersten Beeten
Kartoffeln gesetzt hatten, lehrten uns die bosnischen Mitgärtnerinnen, die Erdäpfel anzuhäufeln. Auf
diese Weise setzen die Kartoffeln zusätzliche Knollen
an. Am besten häufelt man an, wenn die Pflanze etwa
20 Zentimeter hoch ist. Kartoffeln vertragen es gut,
wenn man ihren „Stamm" mit Erde so weit bedeckt,
dass er 10 Zentimeter tief im Boden verschwindet.

Die Kartoffeln, *Solani tuberosium*, sind Nachtschattengewächse, *Solanaceae*. Es gibt heute wieder viele alte Sorten,
beispielsweise Bamberger Hörnchen, Ditta, Vitelotte
und Linzer Blaue.

*Blühendes Kartoffelbeet*

*Mit Vorgärtchen*

Als um 2005 die Kartoffelkäfer die Brandenburger Landwirte um ihre Ernte brachten, fanden wir die Käfer auch in den Berliner Gemeinschaftsgärten vor. Gegen die Plage half nur tagtägliches fleißiges Absammeln. Man kann die Schädlinge gut erkennen: Wenn das Blattwerk verdächtig durchlöchert ist, handelt es sich um Fraßschäden von der Larve des Kartoffelkäfers. Phacelia zwischen die Kartoffeln zu säen soll helfen.

Kartoffeln eignen sich gut zum Gärtnern mit Kindern. In Schulgärten können sie kurz vor den großen Ferien gesetzt werden. Sie halten gut sechs Wochen – bis zum Ende der Sommerpause – ohne viel Gießerei durch und können dann von den Kindern geerntet werden.

*Erste Kartoffelernte*

## Herkommen und Geschichte

Die ersten Züchter der Kartoffel waren die Bauern in den hohen Anden. In der Herkunftsregion der Pflanze züchteten die Inkas jahrhundertelang 800 verschiedene Sorten. Sie kannten zum Beispiel schon die Methode, die Kartoffeln während einer frostkalten Nacht gefrieren zu lassen, um sie, derart getrocknet, länger

*Radkorb mit Kartoffeln*

aufbewahren zu können. Nach Preußen kam die Kartoffel um 1650 unter dem Großen Kurfürsten. Im 18. Jahrhundert setzte sie sich in Europa mehr und mehr durch und machte so manchen Rüben-, Hirse- oder Buchweizenacker zum Kartoffelacker. Heute gibt es wieder viele alte Sorten, auf die sich Gourmetgärtner spezialisiert haben. Im Frühjahr sind einige davon auf den Samentauschmärkten erhältlich. Notfalls setzt man die eigenen Kartoffeln, die es im Frühjahr in der Speisekammer nicht mehr aushalten und mit dem Keimen partout loslegen wollen.

## Genuss und Gesundheit

Neuere Studien bestätigen: Kohlenhydrate machen glücklich! Stärke fördert die Produktion von Serotonin, einem Gewebshormon und Botenstoff, der Glücksgefühle auslöst. Kartoffeln liefern neben Kohlenhydraten auch viel Vitamin C. Zusammen mit Bohnen und etwas Butter oder Öl serviert, versorgen sie den Körper mit allem, was er braucht. Selbstgezogene Kartoffeln haben deutlich mehr Aroma als gekaufte. Laut ganzheitlicher Ernährungslehre sind Kartoffeln der basisch wirkende Ausgleich für den Körper eher versäuernde Lebensmittel wie Kaffee, Zucker, Weißmehl, Fleisch, Alkohol – und für Stress. Kartoffeln sind so ein „wahres Magenpflaster", wie schon Christian Morgenstern es ausdrückte. Wenn der Magen übersäuert ist und zwickt, können ihn besonders die schlichten Pellkartoffeln beruhigen.

# Mangold und Rote Bete

### Anbau und Pflege

Verlegen und stolz zugleich zeigt Fatma mir ihren Minigarten. Er liegt gleich vorn am Rande des Allmende-Kontors. Wie es sich für einen Bauerngarten gehört, ist er mit Blumen – Cosmea – umsäumt. Im Garten ist Rote Bete – oder handelt es sich um Mangold? – gesät worden. Die Saat ist kürzlich aufgegangen, und nun schimmern die Blätter in zartem Rot, Rosa und Hellgrün im Gegenlicht. Die überschüssigen Pflanzen wandern in den Salat, erklärt mir Tochter Günner, bis die Reihen so weit ausgelichtet sind, dass der Abstand zwischen den restlichen Pflanzen groß genug ist, damit diese zu vollen Knollen heranreifen können.

Rote Bete und Mangold, *Beta vulgaris*, gehören zu den Fuchsschwanzgewächsen, *Amaranthaceae*.

Bei meinen USA-Reisen stellte ich fest, dass Mangold dort gerade *die* große Entdeckung war. Dank seiner dekorativen gelben und roten Stiele hatte er die Gemeinschaftsgärten erobert. Im Beet verträgt sich Mangold gut mit diversen Kohlarten wie Radieschen, Rettich oder Salat. Entweder bekommt man ihn als Setzling, oder man sät ihn aus – möglichst schon im Herbst, denn Mangold ist winterhart. Bei längerem Frostwetter sollte der Mangold bedeckt sein. Geerntet

*Roter Blattmangold*

*Stilmangold*

*Typische bunte Stengel*

werden stets nur die äußeren Blätter, so dass die Pflanze von der Mitte her nachwachsen kann. Ist der breitstielige Rippenmangold erst einmal ordentlich gewachsen, so füllt er ohne weiteres ein ganzes Kastenbeet aus. Der zierlichere Blattmangold – mit seinen roten oder gelben Stengeln – teilt sich den Platz dekorativ mit Buchweizen, Cosmea und Borretsch.

### Herkommen und Geschichte

Der Begriff Beet leitet sich aus dem lateinischen Wort *beta* ab. Die Rote Be(e)te muss in der Antike ein Grundnahrungsmittel und generell eines der ersten Gartengemüse gewesen sein. Auch noch im Mittelalter kultivierten die Menschen weit mehr Wurzelpflanzen als wir heutzutage. Rübenarten wie Rapunzel, Knollenziest, Steckrübe sowie Schwarz-, Süß- oder Haferwurzel sind heute längst vergessen. Die Rote Bete ist neben der Mohrrübe eine der letzten ihrer Art. Wurzel- und Blattgemüse in Kultur zu nehmen, d.h. in gedüngten Beeten mit gelockerter Erde auf einen größeren Ertrag zu züchten, ist eine *der* Kulturleistungen der Menschheit. Die Rote Bete war zeitweilig ein wichtiges Tierfutter.

*Mischkultur mit Tomaten*

Rote Bete

Vor einigen Jahrzehnten galt die Rote Bete als altmodisch und drohte zu verschwinden. Sie bescherte der Hausfrau rote Hände und viel Arbeit, auch dann, wenn sie sauer eingelegt wurde. So wurde sie bei uns weithin aus der Küche verbannt, während sie in Osteuropa, wo sie der begehrten Gemüsesuppe Borschtsch die rote Farbe verleiht, nie an Beliebtheit einbüßte. Inzwischen hat die Rote Bete aber auch bei uns ein Comeback gefeiert.

### Genuss und Gesundheit

Heute freut man sich wieder über die schöne Farbe der Roten Bete und erinnert sich daran, wie gut sie zu scharfem Meerrettich mit Quark passt. Spitzenköche verwenden sie in der Gourmetküche – gekocht oder auch roh. Rote Bete kocht man am besten wie Pellkartoffeln, denn nach dem Kochen lässt sie sich viel leichter schälen oder abpellen. Zu Mangold gehört Knoblauch: Er macht sich damit sehr gut in Aufläufen.

Gelber Blattmangold

Rote Bete – ob als Rübe oder als Blattgemüse – wirkt basisch. Sie reguliert den Säurespiegel des Körpers, da sie vor Übersäuerung schützt. Zudem regt sie den Leberstoffwechsel an und soll die Bildung von Tumoren hemmen. In der indischen Lehre des Ayurveda gilt sie außerdem als blutbildend. Die chinesische Heilkunde benutzt sie zur Herzstärkung. Nicht zuletzt gilt die Rote Bete als „Radikalenfänger", der zur Senkung erhöhter Blutfettwerte beiträgt. Außerdem wird Rote-Bete-Saft in der Leukämie- und der Malariatherapie eingesetzt.

# Gartenbohnen

## Anbau und Pflege

Die Idee des Community Gardening übernahmen wir in Berlin von den Gemeinschaftsgärten in New York. Kaum hatte ich Classie in ihrem Harlemer Community Garden begrüßt, da stürmte ein baumlanger Kerl mit wuscheligem Haar auf uns zu. „Hast du Bohnensamen für mich?", fragte er atemlos. Bohnen, zumindest Buschbohnen, könnten in nur zwei Monaten reifen, erklärte uns der junge Sozialarbeiter. So kämen die Kinder noch vor den langen Ferien zu ihrer Ernte. Und Kinder wollen die Ergebnisse ihrer gärtnerischen Mühen schließlich baldmöglichst genießen.

Es gibt viele verschiedene Sorten Gartenbohnen. Diese lassen sich grob unterteilen in Buschbohnen und Stangenbohnen. Zu den Letzteren gehören auch die großkernigen Feuerbohnen. Im Allmende-Kontor ist die Feuerbohne die mit Abstand beliebteste Sorte. Erstens ist sie eine Augenweide: Sie blüht in knalligem Rot oder Lila. Und zweitens kann man sie an Stangen so hoch ziehen, dass sie einen praktischen Sicht- und Windschutz bietet. Wenn sie an der Nordseite eines Beetes steht, lässt sie so viel Platz übrig und so viel Sonne durch, dass auch andere Pflanzen gut gedeihen

Gartenbohnen, *Phaseolus vulgaris*, oder Fisolen, wie sie in Österreich genannt werden, gehören zu den Schmetterlingsblütlern, *Faboideae* – einer Unterfamilie der Hülsenfrüchte, *Fabaceae*, früher auch *Leguminosae* genannt.

*Eiweißhaltig: Bohnen*

*Beete mit Gartenbohnen*

können. Im Allmende-Kontor ist die Bohnenernte oft so reichhaltig, dass die Gärtnerinnen und Gärtner sie mit vollen Händen verschenken. Werden die Gartenbohnen erst einmal hart, schmecken sie nicht mehr.

Bohnen brauchen keine besondere Düngung, da sie Schwachzehrer sind. Daher können sie an das Ende einer dreijährigen Fruchtwechselperiode gesetzt werden. In Symbiose mit kleinsten Knöllchenbakterien (Rhizobien) an ihren Wurzeln sind die Bohnen in der Lage, molekularen Stickstoff zu binden und folglich den Boden damit anzureichern. Dadurch bereiten sie das Beet für die nächste Fruchtfolge vor, an deren Beginn Starkzehrer stehen wie Kohl, Tomaten oder Zucchini.

### Herkommen und Geschichte

*Blühende Feuerbohnen*

Die Gartenbohnen stammen wie Kartoffeln, Tomaten, Kürbis oder Mais aus Lateinamerika. Früher wurden sie von den Menschen gerne getrocknet, um einen Wintervorrat anzulegen. Bis in die 1960er Jahre wurden sie, um sie aufbewahren zu können, entweder als „Schnippelbohnen" eingekocht oder sauer oder salzig eingelegt. Angesichts des heutigen Überflusses wird dies kaum mehr praktiziert. Manche Gärtner frieren einen Teil ihrer Grünen Bohnen allerdings für den Winter ein.

In New York tourt Classie aus den Community Gardens in Harlem seit Jahren über die Gemüsemärkte,

◁ *Bohnendom*

*Stangenbohnen*

um den Gärtnern das Einmachen wieder beizubringen. Sie hat es noch von ihrer bäuerlichen Großmutter aus North Carolina gelernt und konnte ihr Wissen über das Einwecken auf diversen städtischen Workshops vertiefen. In New York gilt es zunehmend als schick, Selbstgemachtes zu verschenken – und wer ein Beet hat, ist klar im Vorteil ...

### Genuss und Gesundheit

Aufgrund des Phasingehalts der Bohnen ist es ratsam, das Wasser, in dem die Bohnen eingeweicht oder gekocht wurden, nicht weiterzuverwenden. Denn Phasin verursacht Blähungen. Da Bohnen schwer verdaulich sind, ist es außerdem sinnvoll, sie mit verdauungsfördernden Fetten wie kaltgepresstem Sonnenblumenöl oder Speck sowie mit Gewürzen wie Bohnenkraut, Kümmel oder Thymian zu kochen. Bohnen sind besonders für Vegetarier ein sehr wertvolles Lebensmittel, da sie neben Kohlenhydraten zahlreiche Spurenelemente und vor allem viel Eiweiß enthalten. Studien belegen, dass der Verzehr von Grünen Bohnen das Blutcholesterin vom schädlichen Typ senken und sich positiv aufs Gefäßsystem auswirkt. Zudem regulieren Bohnen den Blutzuckerspiegel und beheben Verstopfungen. Bohnen sind zudem bei Diabetes zu empfehlen, weil sie ausgleichend auf die Insulinproduktion wirken und dank ihres Gehalts an Pektinen dafür sorgen, dass mehr Insulin-Rezeptoren produziert werden.

# SCHWARZ-, GRÜN- UND WEISSKOHL

## *Anbau und Pflege*

Typisch für den Kohl sind zwei Keimblätter, vier kreuzständige Blütenblätter in traubigem Blütenstand und die Rosettenformation der Jungpflanze. Die Blätter stehen – wie beim Wiesenschaumkraut, Hirtentäschl, Hederich, Goldlack oder bei Levkojen – quirlständig zueinander.

Der erste Kohl im Jahresablauf ist der Kohlrabi. Sie können ihn im Mai setzen und nach zwei Monaten ernten. Mit Hilfe von Vlies können Sie den Kohlrabi bereits Mitte März säen. Manche der Berliner Gartenarbeitsschulen geben an ihrem Tag der offenen Tür chemiefrei gezogene Setzlinge fast gratis ab. Kohlrabi gehört zu den Mittelzehrern. Er kann ein paar Mal nachgepflanzt werden und wächst besonders gut in Mischkulturen mit Salat, Lauch oder Gurken. Auch der Brokkoli gedeiht gut und

Kohl, *Brassica oleracea*, gehört zusammen mit Senf und Raps zu den Kreuzblütlern, *Brassicaceae*.

*Schmackhaft: Rosenkohl*

rasch in Kastenbeeten. Wenn Sie ihn geschickt beernten, kann er wieder nachwachsen. Weiß-, Wirsing- oder auch Rotkohl anzubauen ist hingegen nicht so einfach. Es empfiehlt sich, ausreichend viel Mist in die Erde einzuarbeiten bzw. vorher Leguminosen (Hülsenfrüchte) anzubauen. Der Kompost sollte wohl dosiert sein – zu viel ist eher schädlich. Für den Anbau von Kohl ist es wichtig, den Boden regelmäßig zu lockern. Im Frühjahr kann es passieren, dass Sie jeden Abend die Schnecken vom Kohl absammeln müssen. Kohl eignet sich demnach gut für Menschen, die ohnehin täglich ihren Garten aufsuchen. In den Beeten der türkischen Gärtner des Allmende-Kontors wächst überall Schwarzkohl, ein kurzstengeliger Blattkohl.

Beim Kohlanbau ist eine gewisse Fruchtfolge strikt einzuhalten, denn Kohl beansprucht den Boden stark. Wird er öfter hintereinander angebaut, gedeiht er nicht mehr gut. Gegen die vielen Schädlinge hilft der Anbau in Mischkulturen. Kohl gedeiht sehr gut zusammen mit Knollensellerie in einem Beet. Sellerie, Tomaten oder Borretsch – das blau blühende Gurkenkraut – helfen, die Kohlweißlinge abzuwehren.

Rosenkohl und Grünkohl säen Sie erst ab Mai bzw. Juni, damit sie den Winter gut überstehen. Die einzelnen Pflanzen benötigen einen ausreichenden Abstand zueinander, da sie hoch wachsen können. Gut ist es, mit Tomatenblättern zu mulchen, damit zum einen die Feuchtigkeit in der Erde bleibt und zum anderen Kohlfliegen durch den Geruch vertrieben werden. Rosen-

◁ *Früh im Jahr: Kohlrabi*

*Rot- und Weißkohl*

*Schwarzkohl*

kohl und Grünkohl haben den Vorzug, dass die Pflanzen winterhart sind und den ganzen Winter über beerntet werden können.

### Genuss und Gesundheit

Wenn Sie den Grünkohl eine Minute in Salzwasser blanchieren, entziehen Sie ihm die Schwefelstoffe. Man kann ihn zusammen mit Schmalz oder etwas Öl anbraten und grobes Haferschrot hinzugeben. In Niedersachsen isst man dazu Grützwurst („Pinkel") aus Hafer und Gerste samt etwas hellem und fettem Fleisch. Die Beigabe von reichlich Fett macht den schweren Kohl verdaulicher. Wenn man sämtliche Kohlblätter anbrät, entfällt dadurch das früher übliche stundenlange Kochen, welches nun durch Dünsten ersetzt wird. Seit der Antike gilt der Kohl als die Medizin der armen Leute. Der lateinische Autor Cato behauptete, die alten Römer hätten 600 Jahre lang ausschließlich mit Kohl ihre diversen Gebrechen geheilt. Kohl linderte beispielsweise die Auswirkungen von schweren Gelagen. Als Krautwickel half er gegen Hautkrankheiten wie Geschwüre oder Nagelbettentzündungen. Neuerdings zeigen wissenschaftliche Forschungen, dass Kohl, wenn man ihn täglich zu sich nimmt, krebsvorbeugend ist – möglicherweise vor allem deshalb, weil er sich ausgleichend auf die Darmflora auswirkt. Grün- und Rosenkohl sind zudem im Winter *die* Lieferanten von Vitamin C und A.

# Tomaten

## Anbau und Pflege

Typisch für Tomaten als Nachtschattengewächse sind die sternförmigen Blüten mit fünf Spitzen. Bei Tomaten – auch Paradiesäpfel genannt – essen wir die Beeren. Tomaten gelten als selbstverträglich und können daher mehrere Jahre an derselben Stelle gepflanzt werden. In ihrer tropischen Heimat sind sie mehrjährig.

Tomaten gelingen immer, auch im Kastenbeet. Als Tropenpflanzen dürfen sie jedoch erst nach den Eisheiligen ins Beet. Da sie Starkzehrer sind, brauchen sie gute Erde und guten Dünger. Auf dem Wochenmarkt oder in Gärtnereien erhält man Tomatenjungpflanzen, die im Hochbeet gedeihen, wenn sie ausreichend gegossen werden. Da die Pflanzen relativ anspruchslos sind, wachsen sie sowohl in der prallen Sonne als auch auf hellen Balkons. Auch das Ziehen von Tomaten aus Samen ist einfach – damit sollten Sie jedoch nicht vor Mitte April beginnen.

Unter guten Bedingungen wachsen Tomaten ordentlich in die Breite und Höhe. Dabei bieten sich Rankhilfen aus toten Ästen oder vom Baumarkt an. Damit die Pflanzen genügend Früchte ausbilden können, ist es sinnvoll, die überflüssigen Seitentriebe in den Stengelansätzen der Blätter auszuknipsen – oder „auszugeizen", wie man auch sagt. Da die Pflanze es nicht verträgt, wenn an einem Tag zu viele ihrer Blätter entfernt werden, sollten Sie dieses Vorgehen nicht übertreiben. Indem man die Pflanze anhäufelt oder ihre Stengel in den Boden biegt, kann man sie stabilisieren. In vielen Gemeinschaftsgärten stehen die Tomaten in einem überdachten Kollektivbeet. Das Dach schützt die Pflanze vor Regen und verhindert somit die Bildung schwarzer Flecke.

Wie die Kartoffel und der Stechapfel gehört die Tomate, *Solanum lycopersicum*, zu den Nachtschattengewächsen, *Solanaceae*.

*Im Sommer wuchernd*

## Herkommen und Geschichte

Nach Europa kam die Tomate durch die spanischen Eroberer, welche die *tomatl* bei den Azteken und Maya vorfanden. Dort gehörte sie schon lange zur täglichen

*Prächtig: Tomaten*

Nahrung. Die Europäer hatten zunächst Angst vor den Nachtschattengewächsen, die sie als Teufelszeug und Hexenkraut ansahen. Der Paradiesapfel fand daher zunächst nur als Zierpflanze und Liebessymbol Einzug in die Gärten. Dann aber begannen die Italiener, ihn auch zu verzehren. So bauten sie ab dem 18. Jahrhundert für ihre Nudelgerichte und Pizzas Tomaten in großem Stil an. In New York übernahm wenig später der Unternehmer Henry John Heinz die Idee aus Italien und ließ Tomaten auf Feldern anbauen. Bald begann der Siegeszug von „Heinz Tomato Ketchup" in der angelsächsischen Welt.

Heutzutage gibt es unendlich viele Tomatenarten – darunter auch solche Sorten, denen ein Regenschauer wenig ausmacht. In der DDR galt die Sorte „Harzfeuer" als unverwüstlich und war daher sehr beliebt. Saatgutaktivisten verwerfen sie allerdings als „nicht samenfeste" Hybridpflanze – als eine Pflanze also, aus deren Samen man im Folgejahr nicht eine ähnlich hohe Qualität gewinnen kann.

Einen Wermutstropfen gibt es allerdings: In vielen Gemeinschaftsgärten, die uneingehegt in Volksparks liegen – so auch im Allmende-Kontor –, werden die roten Früchte oft Opfer von Langfingern jeglichen Alters. Ein Gründungsmitglied des Allmende-Kontors verriet uns sein Geheimnis: Er pflanzt nur noch kleine gelbe oder grüne Tomaten, deren Früchten man nicht ansehen kann, ob sie schon reif sind.

## Genuss und Gesundheit

Aufgrund ihrer schönen roten Farbe wurde die Tomate zu einem Grundbestandteil zahlloser Spaghettisoßen. Während die rohe Tomate basisch ist, haben das konzentrierte Tomatenmark und Ketchup eine saure Wirkung auf den Magen. Tomaten fördern die Tätigkeit der Bauchspeicheldrüse und regen gleichzeitig die Verdauung an. Der französische Kräuterexperte Maurice Mességué verwendet sie gegen eine Übersäuerung des Magens sowie zur Blutverdünnung. Außerdem empfiehlt er vor allem Gicht- und Rheumakranken täglich ein Glas Tomatensaft aus frischen Gartenfrüchten.

# Paprika

## Anbau und Pflege

Paprika sind wie Tomaten von Haus aus mehrjährige Pflanzen. Sie sind jedoch wärmebedürftig, so dass sie bei uns erst Mitte Mai ins Freie dürfen.

Acht Wochen vor den letzten Frösten – etwa Mitte März – können Sie mit der Anzucht in der Wohnung beginnen. Drei Wochen nach der Saat sollten Sie die jungen Pflanzen in größeren Abständen etwas tiefer setzen (pikieren). Paprika braucht viel Wasser und muss gut gedüngt werden. Dabei dürfen die einzelnen Düngergaben jedoch nicht zu groß sein. Auspflanzen sollten Sie die Pflanzen erst Ende Mai bis Mitte Juni. Es dauert bis in den August oder gar den September hinein, bis die Paprika erntereif sind. Wichtig ist eine regelmäßige Bodenlockerung, bei windigen Standorten hilft eine Stütze. Mulchen mit Stroh hält die Läuse fern. Die Paprika wachsen relativ gut in größeren Gefäßen, jedoch brauchen sie fast die ganze Saison, um zu reifen. Wer noch einen echten Wintergarten hat, kann es mit einer mehrjährigen Paprika versuchen, denn die Pflanzen sind ursprünglich Stauden.

Paprika, *Capsicum*, gehören wie die Tomate zu den Nachtschattengewächsen, *Solanaceae*. Die Gemüsepaprika werden auch Peperoni genannt, die Chilischoten heißen in Österreich Pfefferoni.

*Scharf: Paprika*

## Herkommen und Geschichte

Paprika und Chili stammen aus Bolivien und Brasilien. Die Pflanzen waren bereits 7000 Jahre v.Chr. auch in Mexiko in Gebrauch. Nach Europa kamen sie erst durch Columbus. Von Spanien aus verbreiteten sie sich als „Spanischer Pfeffer" in der ganzen Welt. Heute kann man sich kaum mehr vorstellen, dass in Afrika, Indien und Südostasien jemals ein Leben ohne rote Pfefferpasten möglich war. Nach Nord- und Mitteleuropa kam die Paprika allerdings erst über das Osmanische Reich, Serbien und Ungarn. Auch in Ungarn – wo der Begriff Paprika aus dem Slawischen abgeleitet wurde – setzte sich das Paprikagemüse erst in den

*Reife Gemüsepaprika*

letzten hundert Jahren durch, nachdem es gelungen war, mildere Sorten zu züchten. Bei dieser Gelegenheit züchtete man aus eigentlich mehrjährigen Pflanzen reine „Einjährige".

### Genuss und Gesundheit

*Paprika macht fröhlich*

Die Paprika, traditionell vor allem als Gewürz verwendet, wurde aufgrund ihrer Schärfe sowie ihrer antiseptischen Wirkung immer auch als Heilmittel benutzt. So setzte man sie in Lateinamerika gegen Bronchitis und Zahnschmerzen als auch bei Arthrose und Rheuma ein. Auch wurde der Paprika lange eine aphrodisische und menstruationsfördernde Wirkung zugesprochen. Das Kapsikum der Paprika veranlasst in den Nervenzellen die Reduktion eines Neurotransmitters („Substanz P"), der Schmerzgefühle vermittelt. Deshalb wirkt Chili betäubend. In Ostasien wird Chili zur Appetitanregung eingesetzt. Ein Nebeneffekt soll sein, dass die Chilischärfe Gerinnseln vorbeugt und deshalb das Risiko von Herzinfarkten und Thrombosen minimiert. Paprika gilt zudem als cholesterinsenkend. Nicht zuletzt heißt es: Sie macht fröhlich, denn sie regt die Ausscheidung von Endorphinen (Glückshormonen) an.

# AUBERGINEN

### Anbau und Pflege

Wie die Tomate und die Paprika, die ihr verwandt sind, ist die Aubergine in den Tropen mehrjährig. Wegen ihres großen Wärmebedürfnisses wird sie bei uns in der Regel als einjährige Pflanze gezogen. Früchte trägt sie im Freiland nur in durchgängig warmen Sommern.

Die Aubergine kann in der Wohnung vorgezogen werden. Dazu stecken Sie zehn Wochen vor dem Auspflanzen die vorher eingeweichten Samen jeweils in einen Blumentopf. Mit dem Auspflanzen können Sie bis in den Juni warten. Es gibt jedoch auch Gärtnereien, die vorgezogene Pflänzchen anbieten. Beim Kauf fragen Sie am besten nach, ob die angebotene Sorte freiland- bzw. balkontopftauglich ist. Die Aubergine braucht einen gut gedüngten Boden, eher etwas alkalischer als zu sauer. Sobald die Früchte duften, kann man sie ernten – die Pflanze wird voraussichtlich neue Früchte ansetzen. Selbst wenn der Ertrag nur mager sein sollte, entzückt die Aubergine den Gärtner durch ihre schönen purpur- bzw. lilafarbenen Blüten.

Die Aubergine, *Solanum melongena*, ist ein Nachtschattengewächs, *Solanaceae*, wie auch der Tabak oder der Stechapfel. Sie wird auch Eierfrucht oder Melanzani genannt.

*Reife Aubergine*

### Herkommen und Geschichte

Die Aubergine stammt aus Indien, wo sie auch heutzutage noch vielfach in Verwendung ist, zumal sie dort an mehrjährigen Büschen wächst. Von Indien aus eroberte die Aubergine ganz Asien, in China soll sie bereits vor 500 v.Chr. angebaut worden sein. Die Araber brachten die Pflanze nach Europa, wo sie im 13. Jahrhundert erstmals erwähnt wird. Wegen ihres Wärmebe-

darfs blieb sie aber lange die Spezialität der Mittel-
meeranrainer. In Osteuropa wie in Afrika wird der von
uns als giftig angesehene „Schwarze Nachtschatten"
als Spinatgemüse zubereitet. In Kenia glaubt man sogar,
Nachtschattenspinat mache schöne Haut. Erst in den
1970er Jahren stellte der britische Farmer John Seymour
fest, dass Auberginen auch in unseren Breiten reifen.
In der Folgezeit eroberte die Aubergine die deutschen
Supermärkte und schließlich auch unsere Gärten.

## Genuss und Gesundheit

Die Auberginenpflanze ist giftig. Da auch die Frucht
Solanin enthält, darf sie nur gekocht verzehrt werden.
Sie eignet sich wunderbar für Pfannenmischgemüse,
z.B. mit Zucchini, Paprika und Tomaten. Mit den Gewürzen der Provence ergibt sie das Ratatouille der Süd-
franzosen. Man kann die Aubergine auch, wie in Italien
üblich, in Öl mit Knoblauch braten oder zusätzlich
frittieren. Wenn die Frucht nicht mit anderen Gemüsen
zusammen zubereitet wird, muss man ihr durch vorheri-
ges Einlegen in Wasser oder Salzlake die Bitterstoffe
entziehen. Die indische Gesundheitslehre Ayurveda hält
die Aubergine für herzstärkend. Ihre fettlöslichen Ballaststoffe eignen sich dafür, das problematische LDL-
Cholesterin zu binden. So werden die Auberginen Diabetikern wie auch Rheumakranken empfohlen, zumal
sie auch als verdauungsfördernd gelten. Die Flavonoide
sollen den Körper vor freien Radikalen schützen.

# ZUCCHINI

## Anbau und Pflege

Die Zucchini ist *die* Pflanze für den gärtnerischen Anfänger: Der Erfolg ist garantiert. Angesichts der Größe der Samen und der Pflanze lohnt sich die Anzucht am Küchenfenster. Ab etwa Mitte April können Sie die Samen in Töpfchen stecken. Die Jungpflanzen dürfen allerdings nicht vor Ende der Eisheiligen ins Gartenbeet. Allenfalls in wohnungsnahe, wärmere Balkongefäße können sie etwas eher ausgepflanzt werden. Plötzliche Kälteeinbrüche überstehen die Zucchini besser als die empfindlichen Kürbisse.

Zucchini sind Starkzehrer, daher sollten sie im ersten Jahr eines dreijährigen Fruchtfolgezyklus angebaut werden. Außerdem benötigen sie eine Menge Wasser. Es ist hilfreich, den Boden regelmäßig zu lockern und dabei die Unkräuter gründlich zu entfernen. Das verringert die Zahl der Schnecken, die anderenfalls die Blüten abfressen und schlimms-

Die Zucchini, *Cucurbita pepo* subsp. *pepo* convar. *giromontiina*, gehört zu den Kürbisgewächsen, *Cucurbitaceae,* und ist insofern indirekt lateinamerikanischen Ursprungs. Das Wort Zucchini stammt aus dem Italienischen.

*Durstig: Zucchini*

*Wird unreif geerntet*

*Für Anfänger geeignet*

tenfalls auch ganzen Zucchini den Garaus machen. Zucchini können sehr gut in Kastenbeeten gezogen werden. Die Ernte beginnt bereits fünf Wochen nach dem Auspflanzen, wenn die Früchte etwa eine Hand lang und noch unreif sind. Erntet man sie zu spät, sind die Zucchini außen hart und innen weich. Da man die Frucht im unreifen Stadium erntet, kann man sie nicht lange im Kühlschrank aufbewahren.

## Herkommen und Geschichte

Als Udelgard Körber-Grohne Mitte der 1980er Jahre die Geschichte der Nutzpflanzen in Deutschland verfasste, wurde der Zucchini- und Kürbisanbau statistisch noch nicht erfasst. Es wurde auch kaum zwischen Zucchini und Kürbis unterschieden. Zucchini kannte man damals fast nur in Südeuropa, speziell in Italien, sowie in Rumänien. Mittlerweile hat die Zucchini aber auch den deutschen Markt und die hiesigen Gärten erobert.

## Genuss und Gesundheit

Zucchini kann man beispielsweise roh in einen Salat schneiden. Die großen gelben Blüten eignen sich zur Dekoration von Salaten und können ebenfalls verspeist werden. Meist werden die Zucchini gekocht bzw. in der Pfanne in etwas Öl gebraten, mit etwas Dill gewürzt und zu Reis oder Hirse gegessen. Sie enthalten zahlreiche Vitamine und Spurenelemente, vor allem jedoch Wasser und nur wenig Kohlenhydrate. Sie wirken basisch und sind aufgrund ihrer vielen Ballaststoffe gut für den Darm. Kurzum: Zucchini ist das ideale Gemüse für ein leichtes Mittagessen an warmen Sommertagen.

# KÜRBISSE

## Anbau und Pflege

Kürbisse nehmen mit ihren meterlangen Ausläufern viel Platz in Anspruch. Sie blühen gelb und haben sehr große, rauhe Blätter.

Als Tropengewächse dürfen Kürbisse erst nach den Eisheiligen ins Beet gesetzt werden. Mit der Anzucht auf der Fensterbank in Ihrer Küche sollten Sie daher nicht vor Mitte April beginnen. Wenn es so weit ist, stecken Sie die Samen am besten gleich in etwas größere Töpfe, da Kürbisse mehrmaliges Umtopfen nicht mögen. Das Beet sollte mit Kompost gut vorbereitet sein. Kürbisse thronen auch gerne direkt auf einem gepflegten Komposthaufen. Sie können jeden Garten in einen Dschungel verwandeln. Im Allmende-Kontor kommen die Kürbisse besonders dann gut, wenn es während eines warmen Sommers in der Hauptwachstumsperiode August und September viel regnet. Oft ist die Freude jedoch nur von kurzer Dauer: Kinder haben immer wieder Spaß daran, die schönen gelben Kugeln zu ernten. Eine Gärtnerin hatte mehr Glück: Ihr Hokkaido wuchs und wuchs, bis er sich zu einem preiswürdigen Exemplar entwickelt hatte.

Wie die Zucchini oder die Melone gehört der Kürbis, *Cucurbita pepo*, zu den Kürbisgewächsen, *Cucurbitaceae*.

*Augenweide: Kürbisse*

*Preiswürdiger Hokkaido*

## Herkommen und Geschichte

Die Speisekürbisse stammen aus Südamerika und werden dort bereits seit Tausenden von Jahren angebaut. Zusammen mit Mais und Bohnen, mit denen er gern gesetzt wurde, war der Kürbis die Hauptnahrungspflanze der Indianer. In Nordamerika gehören Kürbisse, in die Fratzen geschnitten werden, seit dem 19. Jahrhundert zur Ausstattung der Halloween-Feiern, eines ursprünglich aus Europa kommenden Volksbrauches.

*Leicht zu kochen*

## Genuss und Gesundheit

In der Volksmedizin gilt der Kürbis als wohltuende Speise für Nieren-, Blasen- und Magenkranke. In Äthiopien werden Kürbiskerne gerne als Verdauungsmittel verzehrt. Das im Kürbiskern enthaltene Peponin kann amerikanischen Studien zufolge die Vermehrung der HIV-1-Enzyme blockieren. Traditionell werden Kürbisse auch gegen Würmer und Bandwürmer verwendet. Zudem wirkt der Pflanzenstoff Beta-Carotin im Kürbis antioxidativ und entzündungshemmend.

# OKRa

## Anbau und Pflege

Die Okra ist mit dem Hibiskus verwandt und gehört zur Familie der Malven. Ihre Blüte bildet einen Stern aus fünf Blütenblättern. Die zarten Schoten sind fünfeckig. Die Okra benötigt für ihr Wachstum sehr warme Sommer, gute Böden und eine ausreichende Bewässerung.

In offenen Gemeinschaftsgärten – wie auf dem Tempelhofer Feld oder auf dem Park am Gleisdreieck – ist es wichtig, dass die Gemüsepflanzen auch hübsch blühen. Denn die meisten Parks bieten den Menschen heutzutage kaum noch Blühpflanzen, an denen man sich erfreuen kann. Mit der Okra kann man Abhilfe schaffen. Die Pflanze blüht ähnlich großblumig wie eine Malve. Die Allmende-Gärtnerinnen aus dem ehemaligen Jugoslawien haben einige Samen der Okra – als einer ihrer ureigenen Gemüsepflanzen – von ihren Heimatbesuchen mitgebracht.

*Die Okra, Hibiscus esculentus, ist mit dem Hibiskus verwandt und gehört zur Familie der Malven, Malvales.*

Die Okra ist eine äußerst wärme- und lichtbedürftige Pflanze, die erst im Hochsommer ausgesät bzw. angepflanzt werden kann. Dann aber kann sie bei passenden Wetterbedingungen bis zu zwei Meter hoch wachsen und bereits nach etwa einem Monat wunderbar gelb, weiß und lila changierend blühen. Nach knapp drei Monaten kann man die fünfeckigen Schoten ernten.

## Herkommen und Geschichte

In den Community Gardens in New York wurde mir die Okra als „African Heritage" vorgestellt. Tatsächlich stammt die Pflanze aus Westafrika. In Ägypten wird sie seit 3000 Jahren angebaut. Über die Araber, die sie *habb-al-misk* (Abelmoschus) nannten, gelangte die Okra nach Europa. Die Pflanze war im Mittelalter nördlich der Alpen bekannt und wurde damals als

*Blüht schön: Okra*

*Okraschoten*

Eibisch bezeichnet. Sie wurde aufgrund ihrer Schleimentwicklung als Heilmittel genutzt: Äußerlich legte man sie bei Frost- oder Hautbeulen auf, und innerlich wurde sie als Magen- und Lungenheilmittel verwendet.

In Ostasien pflanzt man die zweijährige Gemüsemalve, *Malva verticillata var. crispa*, deren Blätter man wie Spinat kocht. Auch sie wird blühend bis zu zwei Meter hoch. Sie eignet sich sehr gut als Zwischenfrucht wie auch als Gründünger, da sie lange Pfahlwurzeln bildet und so den Boden lockert. Außerdem ist sie mit kaum einem anderen Gemüse verwandt.

### Genuss und Gesundheit

Da die Okraschoten viel Schleim bilden, eignen sie sich gut zum Andicken von Soßen. Die Westafrikaner kochen sie gerne in Erdnusssoßen zu Reisgerichten, aber auch in Tomatensoßen machen sie sich gut. In Indien kennt man sie sauer eingelegt als *pickles*. Dort isst man sie als letzten Happen zum Schließen des Magens. Wegen der Schleimbildung sind sie gut gegen Bauchgrimmen. Auf Grund ihres Vitamin- und Eiweißgehalts ist die Okra ein wertvolles Lebensmittel, besonders für Veganer.

# Gurken

## Anbau und Pflege

Die Gurken bilden eine eigene Gattung innerhalb der Großfamilie der Kürbisgewächse. Die Pflanze kann meterlang werden und hat sehr rauhe Blätter. Gurken brauchen viel Wärme und sind sehr empfindlich.

Gurken sollten erst nach den Eisheiligen dem rauhen Klima der nördlichen Breiten ausgesetzt werden. Sie können z.B. in ein Beet gepflanzt werden, in dem vorher Dicke Bohnen wuchsen. Ebenso kann man sie zu Radieschen und Salat setzen, die bereits verzehrt sind, wenn die Gurke mehr Platz braucht. Wie alle Kürbisgewächse sind Gurken Starkzehrer, das heißt, sie brauchen neben reichlicher Wässerung ein Beet, das gut kompostiert ist.

Die Schmor- und Einlegegurken sind nicht ganz so schwer zu ziehen wie die schlanken Salatgurken, die ein Gerüst brauchen. Die schönsten Rankgerüste bauen die Vietnamesen, die ihre Gurken zugleich als Schattenpflanzen für ihre Lauben benutzen. Die Gurkenlaube von Frau Wi war eine der Attraktionen des Wuhlegartens in Köpenick. Weil Gurken Wind nicht mögen, setzen die bosnischen Gärtnerinnen Hecken aus Mais als Windschutz.

Die Gurke, *Cucumis sativus*, bildet eine eigene Gattung in der Familie der Kürbisgewächse, *Cucurbitaceae*. Die Mexikanische Minigurke ist auch als *Melothria* bekannt.

*Brauchen Sonne: Gurken*

Einen großen Erfolg erzielte ich mit den Mexikanischen Minigurken, Melothria, die in ihrem Beet mit den Wicken um die Wette kletterten, bis sie eine Höhe von zwei Metern erreicht hatten. Sie sehen aus wie Stachelbeeren und schmecken frisch und knackig. Vielleicht wären diese Minigurken die idealen Pflanzen für sogenannte Naschbeete, mit denen Interkulturelle Gärten gern ihre Besucher verwöhnen ...

### Herkommen und Geschichte

Zu uns kam die Gurke offenbar aus Polen, denn ihr Name leitet sich von dem altpolnischen Wort *ogurek* ab. Noch heute liebt man im Osten Europas das Schmorgurkengemüse, und der Spreewald ist bis heute *die* Gurkenanbauregion Deutschlands. Ursprünglich stammt die Gurke aus Indien, wo sie als Symbol der Fruchtbar-

keit verehrt wird. Durch das Opfern einer Gurke versuchen indische Paare, die sich Kinder wünschen, bis heute, die Götter günstig zu stimmen. Über Mesopotamien wanderte die Gurke nach Europa ein. Bereits im 7. Jahrhundert v.Chr. kam sie nach Athen. Die Hellenen schätzten sie als kühlende Speise und bauten sie

*Gurken in Gesellschaft*

daher auf Feldern an. Der römische Kaiser Tiberius ließ Gewächshäuser für die Gurken errichten, um sie täglich essen zu können.

### Genuss und Gesundheit

Die Salatgurke eignet sich für die schnelle Küche: Nichts ist, sofern man Dill zur Hand hat, flinker zuzubereiten als ein Gurkensalat. Der französische Naturheiler Meségué empfiehlt einen abendlichen Gurkensalat mit Knoblauch, Petersilie, Olivenöl und Zitronen – zum Erhalt der schlanken Linie und als Mittel gegen Zellulitis. Saure Gurken eignen sich bestens für heiße Tage. Die Gurke ist basenüberschüssig und wirkt daher der leichten Übersäuerung durch Kaffee, Weißmehl, Zucker und Alkohol entgegen. Ein in ihr enthaltenes Enzym entlastet zudem die Bauchspeicheldrüse. Die Gurke ist ein Diuretikum, das heißt, sie wirkt entwässernd, und gilt daher als Blutreiniger. Geduldige Menschen legen sich außerdem ihrem Teint zuliebe gerne Gurkenscheiben aufs Gesicht. Diese helfen auch bei Sonnenbrand und anderen Verbrennungen.

# Sellerie

### Anbau und Pflege

Der Sellerie, der wie die Mohrrübe oder der Fenchel
doldenblütig ist, hat einen mittleren Nährstoffbedarf
und braucht eine gute Wasserversorgung. Er ist
zweijährig. Als Vorfrüchte bieten sich Winterwicke
als Gründüngung oder auch Hülsenfrüchte an.
Die Mischkulturenexpertin Gertrud Franck setzt
den Sellerie bewusst zwischen Kohlpflanzen,
um die Kohlfliegen abzuwehren. Sinnvoll ist die
Mischkultur mit Lauch. Schnittsellerie ähnelt der
Petersilie und kann wie diese im Topf kultiviert
werden. Stangensellerie wird ab Juli geerntet, der
Knollensellerie erst im Oktober. Sellerie verträgt die
windigen Gefilde des Tempelhofer Feldes recht gut.

Sellerie, Apium graveolens,
gehört zu den Dolden-
gewächsen, Umbelliferae
oder Apiceae.

### Herkommen und Geschichte

Sellerie ist ein Küstengewächs. Früher wuchs er wild
als Wasserpetersilie an sehr feuchten Standorten, und
er verträgt gelegentliche Überschwemmungen mit
Meereswasser. Bis vor 400 Jahren wuchs der Sellerie
wohl nur in den Kräuterbeeten – er wurde wie Peter-

*Soßenzutat: Sellerie*

*Selleriegrün, Knolle*

silie als Gewürz oder Suppengrün verwendet. Erst seit dem 17. Jahrhundert wurde er in Italien zu Knollen- und Stangensellerie gezüchtet. In der Antike galt der stark riechende Sellerie als Potenzmittel. Auch schmückte man die Toten mit Sellerie. Auf Sizilien wurde 600 Jahre v.Chr. eine Stadt nach dem am dortigen Fluss wachsenden Sellerie benannt: Selinunt. Der römische Arzt Dioskoridis machte 60 n.Chr. genaue Angaben, wie man den Sellerie im Garten ziehen soll. In seiner Zeit setzte man Sellerie besonders gegen Nervosität und Angstzustände ein.

### Genuss und Gesundheit

In der italienischen Küche besteht eine gute Grundsoße aus Zwiebeln, Mohrrüben und Sellerie. Die drei Gemüsesorten garantieren zusammen einen guten Geschmack. Sellerie wirkt basisch und steuert den „sauren" Ernährungsgewohnheiten unserer Zivilisation entgegen. Er senkt das Cholesterin im Blut und soll gegen Verstopfung helfen. Der harntreibende Sellerie gilt auch heute noch als Potenzmittel und ebenso als Beförderer der Menstruation. Er eignet sich zudem für Diabetiker, Gicht- oder Rheumakranke.

# Porree, Knoblauch und Schnittlauch

### Anbau und Pflege

Die Lauchgewächse Porree, Schnittlauch und Knoblauch bilden hübsche lila oder weiße Blütenstände, ähnlich der Amaryllis. Sie sind zweijährige Pflanzen. Der Schnittlauch wächst anspruchslos, auch im Kastenbeet, und kommt wieder, wenn die Winter nicht allzu kalt werden. Er hält sonnenlose Standorte aus. Hingegen braucht der Knoblauch als Flachwurzler lockere Böden in sonniger Lage. Man kann ihn aus den Knoblauchzehen ziehen. Wie der Schnittlauch ist auch er anspruchslos: Er braucht nur regelmäßige Feuchtigkeit, am besten nicht direkt von oben.

*Lauchgewächse, Allioideae, wie Porree, Schnittlauch und Knoblauch, Allium sativum, gehören zu den Liliengewächsen, Liliaceae.*

   Der Porree hingegen ist die anspruchsvollste Pflanze der Lilienfamilie. Porree braucht einen gut gedüngten Boden, Wärme und Wasser. Wenn man die Pflanzen im Zimmer vorzieht, müssen sie zu Beginn tagsüber regelmäßig nach draußen gestellt werden, bis sie so abgehärtet sind, dass sie ab Anfang April ins Freie können. Porree wird einige Male angehäufelt, damit er lange bleiche Stangen bildet. Ist er draußen erst einmal kräftig angewachsen, kann er auch überwintern.

   Empfehlenswert ist es, Lauch und Sellerie in Reihen abwechselnd zu setzen und dabei den Sellerie leicht erhöht auf eine Hügelkette zu pflanzen. Beim Gießen wandert die Erde allmählich zum Lauch, wodurch der Sellerie besser eine Knolle bilden kann, während der Lauch angehäufelt wird. Baut man die Pflanzen gemeinsam in einem Beet mit Tomaten an, wird gleichzeitig die Lauchmotte vertrieben.

### Herkommen und Geschichte

Bereits bei den alten Ägyptern waren Lauch und Knoblauch sehr beliebt. Wegen seiner großen Heilwirkung galt Knoblauch ihnen als heilig. Porree wurde

später auch im antiken Rom in großen Mengen verspeist. Die Germanen und Kelten übernahmen den Lauch von den Römern und verstanden ihn wie ihren einheimischen Bärlauch als Frühlingspflanze – als Geschenk von Freya, der Göttin der Liebe. Der Lauch galt als besonders stärkend, so dass Soldaten von der Schweiz bis nach England ihn als Amulett oder unter der Rüstung bei sich trugen. Im Frühling machten die Frauen Eierkuchen mit Lauch, wovon sie sich Gesundheit für das ganze Jahr versprachen. Der römische Autor Plinius empfahl Knoblauch gegen 61 verschiedene Leiden. Auch in der französischen Volksmedizin wurde der Gemüselauch – etwa in Milch gekocht – u.a. als Lungenmittel und Heilmittel bei Nierenleiden eingesetzt.

## Genuss und Gesundheit

Noch um 1900 wurde in England gegen Tuberkulose erfolgreich Knoblauch verabreicht, in China half er bei Hirnhautentzündungen. Bei der Knolle des Knoblauchs und anderer Lauchsorten ist das stark riechende Allizin die Ursache dafür, dass Fäulniserreger und Pilze aus Magen und Darm entfernt werden. Lauch ist deshalb ein probates Mittel bei angeschlagenen Gedärmen infolge von einem Übermaß an Fertigprodukten. Das Allizin regt laut dem Naturheiler Maurice Mességué zudem Leber, Galle und Bauchspeicheldrüse an und bewirkt eine Reduktion des Cholesterins im Blut.

# ZWIEBELN

### Anbau und Pflege

Zwiebeln haben wie auch die anderen Lauch- und Liliengewächse röhrenförmige Blätter. Wenn man sie blühen lässt, bilden sie sehr hübsche Blüten aus, die äußerlich der großen Verwandten, der Schmucklilie Agapanthus, ähnlich sind.

Die Zwiebel benötigt einen mittelschweren Boden, der gut Wasser speichern kann. Man kann sie im Juli säen und braucht dann nicht auf Steckzwiebeln zurückzugreifen, von denen es nur wenige und kaum lokale Sorten gibt. Zwiebeln können auch in noch winterfeuchte Beete gesät werden. Bewährt hat sich die Mischkultur mit Mohrrüben, Sellerie oder Spinat. Die Zwiebeln darf man nicht zu tief setzen. Erst wenn sie 10 Zentimeter hoch sind, erliegen die Jungzwiebeln nicht mehr dem Unkraut. Die bosnischen Gärtnerinnen vom Gleisdreieck bevorzugen Steckzwiebeln, die sie zum Herbst setzen, so dass sie über den Winter wachsen. Die Etagen- oder Luftzwiebel wächst besonders gut, auch in Balkonkästen. Sie bildet am Stengel neue kleine Pflanzen, sogenannte Zwiebelchen, die für Salat, zum Einlegen oder auch in der Gemüsepfanne verwendet werden können. Die kleinen Luftzwiebeln können im August wieder gesteckt werden.

> Die Zwiebel, Allium cepa var. cepa, gehört zusammen mit Porree, Schnittlauch und Knoblauch zur Pflanzenfamilie der Liliengewächse, Liliaceae. Es gibt verschiedene Sorten, so die Etagen- oder Luftzwiebel, Allium x proliferum, oder die Winterzwiebel, Allium fistulosum.

### Herkommen und Geschichte

In den Beeten iranischer und irakischer Gärtner stehen die Winterzwiebeln mehrere Jahre lang. Man verwendet zunächst nur das Grün. Die Zwiebel ist ursprünglich eine mehrjährige Pflanze, die aus den inneraasiatischen Steppen stammt, wo sie die trockenen Wintermonate gut übersteht. Sie wurde im alten Ägypten hoch verehrt und war Hauptnahrungsmittel der Pyramidenbauer. Auch bei den Griechen galt sie als Grundnahrungsmittel. In unsere Gefilde wurde sie schließlich durch die Römer gebracht. Die Volksmedizin verwen-

*Frühlingszwiebeln*

*Zum Trocknen ausgelegt*

dete die Zwiebel zur Schleimlösung bei Husten, als Packung aufgelegt bei Hexenschüssen oder als gesalzene Auflage gegen Warzen. Auch die Indianer Nordamerikas schätzten die Heilwirkungen der Zwiebel, zogen mit Zwiebelauflagen den Eiter aus Furunkeln oder atmeten die Dämpfe gegen Erkältungen ein.

### Genuss und Gesundheit

Die Zwiebel erhielt vermutlich aufgrund ihrer großen Beliebtheit als Heilmittel eine zentrale Rolle in der Küchenkunst. Die weite Verbreitung der französischen Zwiebelsuppe oder des Zwiebelkuchens in Südwestdeutschland ist bezeichnend. Rohe Zwiebeln heben den Spiegel von Liproprotein im Blut, was wichtig für Herzpatienten ist. Zwiebeln sollen zudem eine blutdrucksenkende und kreislaufstabilisierende Wirkung haben. Sie schützen vor Ablagerungen in Gefäßen, da die Schwefelverbindung Allizin, die beim Schneiden der Zwiebeln die Augen reizt, die Oxidation von Fett-Protein-Teilchen im Blut verhindert. Allizin blockiert auch die Entstehung von Nitrosaminen im Darm, die beispielsweise entstehen können, wenn man gleichzeitig Fleisch und Käse verzehrt. Die antibakterielle Wirkung von Zwiebeln bewies im 19. Jahrhundert bereits der französische Mikrobiologe Louis Pasteur. Im Zweiten Weltkrieg verwendeten russische Sanitäter Zwiebeldämpfe erfolgreich zur Wundheilung und gegen Wundschmerzen.

# Guter Heinrich und Spinatbaum

### Anbau und Pflege

Im ersten Jahr war eines der Wunder vom Allmende-Kontor der Spinatbaum, der Riesengänsefuß. Er ist eng verwandt mit dem Guten Heinrich, einer alten Blattgemüsepflanze. Die Gänsefüße zählt man heute übrigens zu den Fuchsschwanzgewächsen, also all denen, die so hübsch geschweift blühen wie Amarant oder Quinoa. Der Gute Heinrich ist einjährig und sät sich selbst aus. Die Blätter, die sich einander wechselständig gegenüberstehen, wirken auf der Unterseite mehlig und sind im Falle des Spinatbaums am Blattansatz pinkfarben.

Wie das Quinoa, das Andenkorn, gehören Guter Heinrich, *Chenopodium bonus-henricus*, und Spinatbaum, *Chenopodium gigantenum*, zur Familie der Gänsefußgewächse, *Chenopodiaceae*. Die Bezeichnung Gänsefuß bezieht sich auf die dreieckige, gezackte Blattform.

Der Spinatbaum im Allmende-Kontor wuchs und wuchs und nahm bald das ganze kleine Beet ein. Deren Inhaberin pflückte und pflückte und machte Gemüsepfannen daraus, Spinatsuppe und Pfannkuchen, doch der Spinatbaum wuchs immer wieder nach. Im nächsten Jahr fand man in allen Nachbarbeeten seine Abkömmlinge. Diese sind am pinkfarbenen Ton im Blattkreuz gut zu erkennen. Nach vier Jahren hatte sich der Spinatbaum über den ganzen Garten verbreitet. Wer sein Beet nicht pflegt, der erntet immerhin Spinat.

### Herkommen und Geschichte

Der Gänsefuß ist eine der ältesten Kulturpflanzen der Menschheit. Meistens nahmen die Menschen die Blätter als Blattgemüse, seltener auch die Samen. Heutzutage kennen wir diese Pflanzenfamilie besser als die der Fuchsschwänze, zu der Quinoa, das Indianerkorn, und Amarant als Zierpflanze gehören. Der Gute Heinrich zählt zu den ältesten Nahrungspflanzen der Menschheit und stammt möglicherweise aus Mittelasien. In Europa ist er seit Urzeiten verwildert und

*Spinatbaum*

als Ruderalgrün auf Brachen eine beliebte Notnahrung. In England gilt er als sehr gesund und wird dort auch an Schafe und Hühner verfüttert. Im Frühjahr können die Triebe durch das Überstülpen von Töpfen bleich gehalten werden und kommen als *Lincolnshire asparagus* sogar in vornehme Küchen.

## Genuss und Gesundheit

Die Blätter des Guten Heinrichs gehörten früher zum Ersten, was im Frühjahr als Grüngemüse geerntet werden konnte. Sie liefern neben anderen die Vitamine A, B3 und C. In der Schweiz verreibt man seine Blätter auf Brennnesselreizungen. Die Volksmedizin verwendete ihn auch gegen Lungenschwindsucht oder Rippenfellentzündungen. Hildegard von Bingen empfahl die Pflanze bei Verdauungsbeschwerden und brüchigen Nägeln sowie bei Gicht und Geschwüren. Man kocht ihn wie Spinat und kann ihn gut in Bratlinge oder Pfannkuchen einbacken.

# Gartenmelden

### Anbau und Pflege

Die Gartenmelde ist einjährig und kann bis zu zwei
Meter hoch werden. Die jungen Blätter stehen einander direkt gegenüber, sie können bis zu 10 Zentimeter
lang werden. Die Pflanze ist sehr anspruchslos.

Die Gartenmelde kann entweder im Herbst
oder im Frühjahr ab März ausgesät werden,
sie sät sich aber auch von selbst aus. Wenn
die Pflanze etwa 30 Zentimeter hoch ist,
können ab Mai Triebspitzen und Blätter
geerntet und wie Spinat gekocht werden.
Die heruntergeschnittenen Pflanzen wachsen aus Seitentrieben nach. Auf diese Weise
können die Meldeblätter leichter geerntet
werden. Die hoch gewachsenen Exemplare liefern
an der Spitze nur noch kleine Blätter. Im Frühjahr kann
man die Gartenmelde auch als Salat verwenden.
Wenn sie erst einmal in einem Garten wächst, wird sie
leicht zum Unkraut – immerhin zu einem essbaren.

Die Gartenmelde,
Atriplex hortensis,
gehört zur Familie der
Gänsefußgewächse,
Chenopodiaceae.

### Herkommen und Geschichte

Die Melde war als Gartengemüse bereits im alten
Rom und Griechenland weit verbreitet. Von dort brei-
tete sie sich als Wildpflanze auf der ganzen Welt aus.

*Verwandt: Guter Meier*

*Rote Gartenmelden*

*Spinatartige Blätter*

Die Gartenmelde war bis zum Mittelalter eine der wichtigsten Spinatpflanzen. Sie wurde vor allem in den Bauerngärten Italiens und Spaniens angebaut. Mit Beginn der Neuzeit wurde sie von dem ergiebigeren Spinat verdrängt. Während der zahlreichen Hungersnöte im 19. und früheren 20. Jahrhundert, besonders in Osteuropa, wurde sie jedoch wieder angebaut oder aber gesammelt.

## Genuss und Gesundheit

Die Blätter der Melde müssen 10 bis 15 Minuten kochen. Wegen ihres herben Geschmacks bereitet man sie in der Ukraine gerne mit Knoblauch zu, in Frankreich zusammen mit Sauerampfer. In der antiken Medizin galt die Gartenmelde zum einen als Heilpflanze mit harntreibender Wirkung, zum anderen als anregend für den Stoffwechsel und Mittel gegen „nervöse Erschöpfung". Die Volksmedizin verwandte sie auch bei Lungenkrankheiten sowie zur Heilung von Gelbsucht und äußerlich zum Lindern der Gicht.

# ERDBEEREN

### Anbau und Pflege

Während man die Erdbeere gemeinhin als Obst versteht, weiß der Biologe, dass wir lediglich ihre Nusspolster essen. Die beste Zeit zum Pflanzen von Erdbeeren reicht von August bis September. Sie werden aus Ablegern gezogen. Da Erdbeeren viele Ableger entwickeln, hat jeder, der Erdbeeren pflanzt, auch welche zu verschenken. Am besten vermehrt man sie, indem man eine Ablegerranke in einem Topf wurzeln lässt und das Pflänzchen mitsamt seinem Erdballen an die neue Stelle verpflanzt. Erdbeeren sollen nicht länger als drei Jahre in einem Beet bleiben. Im Hochbeet werden die Pflanzen mit einem Abstand von etwa 30 Zentimetern gesetzt. Das Beet sollte gut gedüngt sein, z.B. mit trockenem Kuhdung. Später kann mit trockenem Laub und Nadeln gemulcht werden. Als Waldbewohner vertragen die Erdbeeren einen leicht sauren Boden und kommen mit schattigen Ecken aus. Im Mischkulturbeet stehen sie entweder mit Knoblauch, Lauch und Zwiebeln zusammen oder auch mit Spinat und Salat, Buschbohnen oder Radieschen.

Die Erdbeere, Fragaria, gehört zu der Rosenverwandtschaft, Rosaceae.

Beliebt: Erdbeeren

Erdbeerpflanzen tragen von Mai bis Ende Juni Beeren. Manche Sorten tragen das ganze Jahr über welche. Für kleine Beete, Gärten oder Balkons gibt es auch Klettererdbeeren und hängende Erdbeeren.

### Herkommen und Geschichte

Erdbeeren waren bereits in der Steinzeit beliebt und wurden im Mittelalter schon kultiviert. Die heutigen Gartenerdbeeren sind eine reine Zuchtfrucht, die in Holland vor etwa 200 Jahren aus der kleinen europäischen Walderdbeere, der nordamerikanischen Scharlach-Erdbeere und der Chile-Erdbeere entstand. Die im Supermarkt gekauften Erdbeeren schmecken deshalb so enttäuschend wenig aromatisch, weil sie unreif gepflückt werden müssen, um die langen Transportwege zu überstehen. Ihr ureigenes Aroma können Erdbeeren nur dann entwickeln, wenn sie reif gepflückt

*Rosenartige Blüten*

und zeitnah verzehrt werden. Die Monatsbeeren, die das ganze Jahr über kleine Früchte haben, sind den ursprünglichen Walderdbeeren am nächsten.

### Genuss und Gesundheit

Erdbeeren enthalten viele Vitamine und Spurenelemente. Sie sind für Diabetiker erlaubt und wirken harntreibend und entschlackend. Da sie in der Volksmedizin als „blutreinigend" galten, empfiehlt Maurice Mességué sie den Rheuma-, Leber- sowie Arteriosklerosekranken. Wenn Hautirritationen auftreten sollten, handelt es sich laut dem Naturheilarzt meistens nicht um eine Allergie, sondern um eine überschnelle Entgiftung. Ferner enthalten die Früchte Brom und sind daher eine Art natürliches Schlafmittel. Erdbeeren können auch eingefroren, getrocknet oder zu Marmelade verkocht werden.

# Mais

### Anbau und Pflege

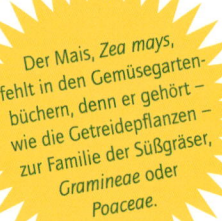

Der Mais, *Zea mays*, fehlt in den Gemüsegartenbüchern, denn er gehört – wie die Getreidepflanzen – zur Familie der Süßgräser, *Gramineae* oder *Poaceae*.

Der Mais ist ein einhäusiges Süßgras, aber getrenntgeschlechtlich, das heißt, es kommen sowohl männliche als auch weibliche Blütenstände getrennt auf der Pflanze vor. Um die Befruchtung sicherzustellen, braucht man mehrere Pflanzen beieinander. In Gärten wird Mais als Zuckermais angebaut, den man nicht ganz reif erntet, um ihn roh oder gekocht zu verzehren. Möchte man den Mais über längere Zeit aufbewahren, lässt man ihn ausreifen und trocknet ihn als Wintervorrat.

Der Mais braucht vier Monate, bis er reif wird, und muss daher vergleichsweise früh ausgesät werden. Da er einen guten Boden benötigt, kann er mit dem Schuttuntergrund städtischer Gärten wenig anfangen. Ebenso braucht er Wärme zum Wachsen. Wenn man rechtzeitig, etwa im Herbst, Humus in den Boden einarbeitet, ist es möglich, Mais zu ziehen. In Kastenbeeten gedeiht er nur, wenn die Kisten tief genug sind. Wichtig ist, dass man ihn in einer kleinen Gruppe anbaut anstatt in einer Reihe, wie es in Südeuropa vielfach üblich ist.

### Herkommen und Geschichte

Mais wird in Mexiko seit über 5000 Jahren angebaut und bildete auch die Hauptfrucht der Inkas. Die Spanier brachten ihn nach Europa, wo er zunächst in den Kleinlandwirtschaften der Landarbeiter und Kleinbauern angepflanzt wurde. In Südeuropa fassten die Landbewohner die Gärten mit zwei Reihen Mais ein.

Getreideart: Mais

◁ Wird gern roh verzehrt

Als Windschutz

Ab dem 17. Jahrhundert entwickelte sich erstmals ein Maisanbau in Monokultur, als etwa die osmanischen Beherrscher des Balkans nach einem Produkt suchten, das sich erfolgreich exportieren ließ. Bereits im frühen 20. Jahrhundert wurden bei uns in industriellen Mengen erzeugte Maisstärkeprodukte wie „Mondamin" zu den Grundbestandteilen jeder Küche. Europäische Verbraucherschützer versuchen seit über 20 Jahren, den Import von gentechnisch verändertem Mais aus den USA zu verhindern.

## Genuss und Gesundheit

Den Zuckermais kann man einfach in Wasser kochen und mit etwas Salz und Butter genießen. Er enthält zahlreiche Vitamine, darunter mehrere Vitamin-B-Arten, und viele Spurenelemente. Aufgrund seines hohen Stärkegehalts soll Mais nicht nur die Nerven stärken, sondern auch die Gehirndurchblutung verbessern und damit die Konzentrationsfähigkeit fördern. Wie die meisten Getreidesorten stärkt er das Bindegewebe und kräftigt so Muskeln und Haar. Er stimuliert zudem das Zellwachstum und regt die Blutbildung an.

# Feldsalat und Portulak

## Anbau und Pflege

Der Portulak gehört zu den Sukkullenten, also jenen Pflanzen, die Wasser in den Blättern speichern und so Trockenphasen überstehen können. Daher ist er auch ein verbreitetes Ruderalgrün auf Schuttflächen.

Feldsalat wird entweder von August bis September oder ab Mitte März ausgesät und kann gegebenenfalls bereits ab Februar bzw. März geerntet werden. Seine flach am Boden liegenden Rosetten halten einigen Frost aus. Der Feldsalat kann daher gut als Wintersaat die Erde bedecken und helfen, die Feuchtigkeit im Boden zu halten. Der Winterportulak wird ab August ausgesät – zunächst besser im Schatten – und übersteht ebenfalls den Winter, da er frostfest ist. Den Sommerportulak säen Sie Mitte Mai auf sandigen Böden aus und bedecken die Samen nur mit einer hauchdünnen Schicht Erde. Bereits nach vier bis fünf Wochen ist er erntereif.

Das Eiskraut gehört zu den schön blühenden Mittagsblumen. Es wurde mit Erfolg in den Beeten der Saatgutgruppe des Allmende-Kontors angebaut und erregte allseitige Bewunderung. Es erwies sich als gute Bienenweide.

Der Feldsalat, *Valeriana locusta*, gehört zu den Baldriangewächsen. Er wird auch Wingert-, Vogerl- oder Nüsslisalat genannt. Der Portulak, auch als Postelein, Burzelkraut oder Tellerkraut bekannt, *Portulaca oleracea subsp. sativa*, bildet eine eigene Pflanzenfamilie.

*Wintersalat: Portulak*

### Herkommen und Geschichte

Der Feldsalat ist als Rapunzelsalat und Wintersaat
bereits seit dem 18. Jahrhundert bekannt und wird
seit dem 20. Jahrhundert auf Feldern angebaut.
Wo der Portulak ursprünglich herkommt, weiß man
nicht genau – aber schon seit der Zeit der alten
Römer ist er bei uns als Kraut und Wildpflanze
bekannt. Winterportulak ist als Wildpflanze in den
Küstenregionen Nordamerikas heimisch. Portulak ist
als Wildgemüse bei uns in Vergessenheit geraten. In
Indien baut man ihn seit Tausenden von Jahren an
und setzt ihn bei Leiden von Milz, Leber und Nieren
als Heilkraut ein. Im alten Mesopotamien wurde der
Portulak auch gegen Sodbrennen eingesetzt und sollte
wackeligen Zähnen wieder Standfestigkeit verleihen.
Das Eiskraut wird vor allem in Frankreich wie Portulak
gegessen.

### Genuss und Gesundheit

Feldsalat isst man am besten frisch geerntet als
grünen Salat mit etwas Zitrone und Öl. Beim Portulak
wie beim Eiskraut können Sie die jungen Blätter samt
Blüten als Salat essen oder mit anderen Salaten mischen. Außerdem können Sie die jungen Triebe mit
Salz in Essig oder Wein einlegen. Die nicht ganz so
jungen Blätter können Sie wie Spinat in Butter oder
Öl schmoren.

# BLÜHPFLANZEN

Wie ein Bauerngarten mit einem Meer aus buntblühenden Blumen eingefasst ist, gehören auch zu Gemeinschaftsgärten Blumen. Zum Glück sind viele unserer Blühpflanzen auch essbar, wie wir nach und nach erfahren. Und viele der Kräuter duften nicht nur, sondern blühen auch wunderschön. Im Folgenden wird eine kleine Auswahl an Blumen vorgestellt, die in den Gemeinschaftsgärten auf dem Tempelhofer Feld erfolgreich ausgesät oder in Kistenbeeten gezogen wurden.

Der **Rittersporn**, *Delphinium ajacis*, gehört zu den Hahnenfußgewächsen, *Ranunculaceae*. Er blüht schon im Frühsommer wunderschön blau, rosa, rot oder weiß. Er kann bereits ab März oder April gesät werden. Doch ist es auch möglich, ihn im Herbst auszusäen, damit er in der eher schneckenlosen Zeit keimen kann. Der Rittersporn ist eine mehrjährige Staude.

*Rittersporn*

Die rosa und weißen **Schmuckkörbchen**, *Cosmea*, stammen aus dem südlichen Nordamerika. Sie sind als Bauerngartenpflanzen weit verbreitet, da sie sehr anspruchslos sind. Cosmea werden zwei Meter hoch, müssen aber jedes Jahr neu ausgesät werden. Ihre Blüten sind essbar.

Die roten, lila und rosa **Wicken**, *Vicia*, gehören zu den Schmetterlingsblütlern, *Faboideae*. In unseren Gärten wachsen – als duftende Schmuckwicken – meis-

*Schmuckkörbchen*

*Wicken*

*Sonnenblumen*

tens die mit ihnen engverwandten Platterbsen, *Lathyrus*. Wicken blühen ab Juni oder Juli bis in den Herbst hinein, können entlang abgestorbener Äste hochklettern und entzücken durch ihren Duft. Als Schmetterlingsblütler sind sie zugleich Bodenverbesserer.

Der tiefblaue **Natternkopf**, *Echium vulgare*, gehört zu den Raublattgewächsen, *Boraginacae*. Er ist eine zweijährige Pflanze, die Trockenheit aushält. Mittels seiner Pfahlwurzel überdauert er den Winter, so dass er im nächsten Jahr wiederkommen kann.

Die **Sonnenblume**, *Helianthus Annuus*, ist die Pflanze, die jedem Gärtner das Prinzip der Korbblütler verständlich macht. In den Gemeinschaftsgärten auf dem Tempelhofer Feld blüht sie von Anfang Juli bis in den Herbst hinein. Da die Sonnenblume gute Böden braucht, zeigte sie den Tempelhofer Gärtnern und Gärtnerinnen, dass die Böden auf dem Feld weniger belastet sind als zunächst befürchtet. Nach Möglichkeit wurzeln sie bis zu zwei Meter tief in die Erde und können so die verhärteten Böden für spätere Bestellungen schon einmal „umgraben". Sie stammen aus Nord- und Mittelamerika, wo sie bereits vor Jahrhunderten angebaut wurden. Die Sonnenblumenkerne schmecken nicht nur unseren osteuropäischen und

türkischen Gärtnern, sondern auch Vögeln und so manchem Nagetier.

Die orange blühende **Kapuzinerkresse**, *Tropaeolum*, ist eine ein- oder mehrjährige Pflanze mit rapidem Wachstum, die ab Hochsommer bis in den Herbst hinein blüht. Sie wächst auch im Schatten und kann, wenn sie sich nicht am Boden ausbreiten kann, unter Umständen hochranken. Kapuzinerkresse stammt aus Lateinamerika. Die Blüten der Pflanze sind essbar. Aufgrund der antiseptischen Wirkung ihrer scharfen Senföle kann sie bei Verdauungsbeschwerden oder zur Wundheilung eingesetzt werden.

*Kapuzinerkresse*

Die **Stockrose**, *Alcea rosea*, ist eine ein- bis mehrjährige Pflanze. Sie wächst als einjähriger Busch oder zweijährig in die Höhe. Wie bei der Rose besteht die Blüte aus fünf Kelchblättern. Die Pflanze ist vergleichsweise unempfindlich. Wenn sie ihre Pfahlwurzel in die Erde senken kann, kommt sie mit wenig Bewässerung aus. Aus ihren schönen Blüten kann man Malvenblütentee herstellen.

*Stockrose*

Die blaue und rote **Prunkwinde**, *Ipomoea tricolor*, schmückt als hochwachsende Kletterpflanze fast alle Gemeinschaftsgärten der Nordhalbkugel. Sie ist fast so anspruchslos wie die wilde Ackerwinde. Ursprünglich stammt sie aus Amerika. Sie blüht zwischen Juli und Oktober, allerdings nur einen einzigen Morgen lang. Ihre essbare Form, die Süßkartoffel, wird in den Alpen seit Neuestem wieder angebaut.

*Prunkwinden*

Die gelborangefarbene **Ringelblume**, *Calendula officinalis*, blüht bereits ab Mai und im günstigsten Fall die ganze Saison hindurch. Sie gehört zu den Korbblütlern. Man muss sie alljährlich wieder aussäen – sofern sie sich nicht selbst aussät. Aus ihren Blüten bereitet man einen Tee, der bei Magen- und Darmgeschwüren helfen soll. In der Volksmedizin gilt die Ringelblume als entwässernd sowie als Mittel gegen Leberleiden.

*Ringelblumen*

Die **Akelei**, *Aquilegia vulgaris*, gehört zu den Hahnenfußgewächsen, *Ranunculaceae*, und ist eine – vor allem im Mai und Juni – filigran tiefblau oder bunt blühende Staude, die Schatten verträgt. Sie schmückt mit ihren aparten Blüten die Gärten und kann sich auf lockeren Böden selbst aussamen. Ihre Blüten sind essbar.

Die **Margerite**, *Chrysanthemum leucanthemum*, gehört zu den Korbblütlern, *Compositae*. Sie ist eine echte Europäerin, wächst wild auf mäßig trockenen Wiesen mit Lehmböden und blüht ab Juni. Man kann die Margerite entweder aussäen oder im Herbst oder Frühjahr die Wurzelstaude teilen. Ihre Blüten, Triebe und Blätter sind essbar.

Die **Rapunzel-Glockenblume**, *Campanula rapunculus*, ist eine mehrjährige Pflanze, die wild auf Halbtrockenrasen wächst und heute vor allem noch in Skandinavien, Südwestdeutschland und der Schweiz zu finden ist. Sie wurde im Elsass und in der Schweiz bis in die 1920er Jahre angebaut, weil man ihre Blätter und besonders auch ihre Wurzeln gut verspeisen kann. Die Rapunzel-Glockenblume wirkt appetitanregend und blutreinigend und hilft auch bei Erkältungen.

Der **Frauenmantel**, *Alchemilla xanthochlora*, taucht in heutigen Gärten fast nur noch als grüner Bodendecker auf, der die Feuchtigkeit im Beet hält, zumal er auch im Schatten gedeiht. Früher wurde die zart gelb blühende Pflanze als Tee bei Beschwerden der Menstruation und der Wechseljahre sowie bei zahlreichen anderen Leiden getrunken.

# KRäuteR unD GeWüRZe

Welche Pflanze als Gewürzkraut, welche als Gemüse oder als Schmuckpflanze angesehen und verwendet wird, ist abhängig von Tradition und Geschmack. Wundern Sie sich also nicht, wenn Sie in diesem Buch manch eine Pflanze, die Sie als Heilkraut ansehen, unter den Blühpflanzen gefunden haben, und im Folgenden manches unter den Kräutern aufgelistet sehen, was Sie eher als duftende Heckenzierde kennen.

*Pizzagewürz: Oregano ...*

Der **Oregano**, auch **Dost** oder **Wilder Majoran**, *Origanum vulgare*, ist eine herrlich duftende und ab Juni lila blühende Pflanze, die Sie vielleicht als Wegesrandstrauch von Gebirgswanderungen kennen. Sie braucht einen trockenen, warmen Standort. Im Beet kann sie so über einen Meter hoch werden. Den Wilden Majoran können Sie als Pizzagewürz verwenden, oder Sie fügen ihn Tomatengerichten bei oder verwenden ihn bei Grippewetter als Badezusatz. Als „Wohlgemuth", wie er früher hieß, sahen ihn die Menschen im Mittelalter als Schutz gegen den Teufel oder aber als Heil-

*... oder Wilder Majoran*

mittel gegen Ohrensausen, Durchfall und bei Leber-
beschwerden.

Das lila blühende **Bohnenkraut**, *Satureja hortensis*,
können Sie bereits ab April aussäen, oder Sie setzen
es ab Mai ins Freiland direkt zu den Bohnen, um dort
Schwebfliegen abzuwehren. Das Bohnenkraut stammt
aus dem Mittelmeergebiet und braucht daher einen
warmen, trockenen Standort, um sein Aroma voll
entwickeln zu können. Bohnenkraut gehört in jeden
Bohneneintopf, würzt aber auch wunderbar eine salzi-
ge Hafergrütze oder Kartoffelgerichte. Gibt man es zu
Eintöpfen mit Hülsenfrüchten, werden diese schnell
bekömmlicher, denn das Bohnenkraut reduziert die
Gefahr von Blähungen.

*Bohnenkraut*

Der **Fenchel**, *Foeniculum vulgare*, ist eine über einen
Meter hoch werdende Staude mit zarten gefiederten
Blättern und gelben Doldenblüten. Fenchel bevorzugt
einen nährstoff- und kalkhaltigen Boden, der mög-
lichst tiefgründig ist. Sein Kraut nutzt man für Salate,
Fisch oder Soßen. Aus den Samen macht man einen
Tee, der, mit Honig gesüßt, gegen Husten oder Magen-
verstimmungen hilft.

Der **Beinwell**, *Symphytum*, aus der Familie der
Raublattgewächse, *Boraginacae*, gehört nicht nur
in jeden Kräutergarten, sondern überhaupt in jeden
Garten. Die Staude wird etwa kniehoch, hat breite
behaarte Blätter und wunderschöne hellblaue oder
rosa bis lila Blüten. Der Beinwell verträgt sonnige bis

*Beinwell*

halbschattige Standorte und bevorzugt einen nähr-
stoffreichen, eher feuchten Boden. Die jungen Blätter
sind essbar, die Stengelspitzen können wie Spargel
zubereitet werden. Beinwell wird durch Teilung der
Staude vermehrt. Er ist sehr siliceahaltig und eignet
sich daher gut für die Haut.

Der blau blühende **Borretsch**, *Borago officinalis*,
auch Gurkenkraut genannt, gehört zu den Raubblatt-

*Borretsch*

gewächsen, *Boraginacae*. Er wird etwa hüfthoch und
ist überall rauh behaart. Borretsch verträgt Trockenheit
und sät sich gerne selbst aus, besonders auf Trümmer-
grundstücken. Er stammt aus dem Mittelmeerraum
und wird seit dem Mittelalter in allen Kräutergärten
angebaut. Man kann die blauen Blüten essen und
somit zur Dekoration von Salaten verwenden. Aber
auch die Blätter sind als Salat oder Spinat essbar.

Der **Gundermann**, auch Gundelrebe genannt,
*Glechoma hederacea*, ist ein auf schattigen Beeten
gut wachsender Bodendecker, der sich bereits früh
im Jahr regt und herrlich blau blüht. Er gehört zu
den Lippenblütlern, *Labiatae*. Der Gundermann kann
auf Baumscheiben oder zwischen Sträuchern angepflanzt werden. Wenn der Boden nicht allzu trocken
ist, lässt sich die Pflanze außerdem leicht wieder ent-

fernen. Sie regt den Stoffwechsel an und kann in der Küche als Beigabe zu Salaten und Suppen verwendet werden.

Der **Rosmarin**, *Rosmarinus officinalis*, ist ebenfalls ein Lippenblütler, *Labiatae*. Die hellblau blühende immergrüne Strauchpflanze stammt aus der Mittelmeerregion. Dort wächst sie an Gebirgshängen, weshalb sie auch bei uns einen trockenen, sonnigen Standort bevorzugt. Am besten überwintert der Rosmarin an einem kühlen, aber hellen Platz im Haus.

*Lavendel*

Man kann ihn durch Stecklinge vermehren. Zum Kochen verwendet man nur kleine Prisen. Als Tee wirkt Rosmarin anregend, er kräftigt das Herz und stärkt die Nerven. Als Bad wirkt er positiv auf den Kreislauf.

Der **Lavendel**, *Lavandula officinalis*, gehört gleichfalls zur Familie der Lippenblütler, *Labiatae*. Er bevorzugt trockene, etwas kalkreiche Böden, da auch er vom Mittelmeer kommt, wo er wild im Kalkgebirge gedeiht und zu großen Sträuchern heranwächst. Ähnlich wie der Rosmarin hat er nadelartige Blätter, die allerdings fast grau aussehen. Der Lavendel gibt einen starken, aber angenehmen Duft ab und blüht ebenfalls blau. In der Küche bildet er zusammen mit Rosmarin und Thymian die „Kräuter der Provence". Als Tee verwenden Sie ihn zur Beruhigung, als Bad zur Entspannung.

Der **Thymian**, *Thymus vulgaris*, ist ein weiterer Lippenblütler, *Labiatae*. Auch er benötigt einen eher trockenen Standort mit aufgelockertem Boden. Deshalb thront er mit seinen erwähnten Verwandten vom Mittelmeer stets auf der Spitze von Kräuterspiralen. Thymian macht in der Küche schwere Speisen leichter verdaulich. Aufgrund der antiseptischen Wirkung kann er gegen Zahnschmerzen eingesetzt werden. Auch hilft er bei Magenschmerzen oder als Bad bei Erkältungen.

Der **Salbei**, *Salvia officinalis*, stammt ebenfalls aus der Familie der Lippenblütler, *Labiatae*. Er braucht einen sonnigen Standort mit durchlässigem Boden, da auch er vom Mittelmeer kommt. Er hat fast ledrige, oft silbern schimmernde Blätter und blüht je nach Sorte lila, blau oder rosa. Über die Jahre hinweg bildet er einen immer größer werdenden Strauch und vermehrt sich durch Stecklinge von selbst. In der Küche passt er in kleinen Mengen etwa zu Fleisch. Man verwendet ihn auch gern als Tee bei Halsschmerzen und Zahnfleischentzündungen.

Die **Pfefferminze**, *Mentha x piperita*, ist ein lila blühender Lippenblütler und gehört in jedes arabische und türkische Beet. Pfefferminze wird in Nordafrika so viel getrunken wie Schwarztee in Indien oder England. Die Pfefferminze kann sich bei einigermaßen günstigen Bedingungen gut ausbreiten und hält auch Schatten gut aus. Daher wunderte es mich nicht, dass ein Gärtner sie in Harlem als Heckenpflanze kultivierte. Es gibt viele verschiedene Sorten der Pfefferminze. Diese werden am besten durch alte Dachziegel, die in den Boden gelassen werden, daran gehindert, durcheinander zu wachsen. Pfefferminze wirkt krampflösend, anregend und wärmend.

*Muzaffers Kräuterbeet*

# STRÄUCHER UND HECKENPFLANZEN

Ein Garten ist ein besonders intensiv kultiviertes Stück Land. Als sehr gründlich, per Hand bearbeitetes Land wird der Garten gegen wilde Tiere, streunende Hunde, unachtsame Zeitgenossen jeden Alters und Langfinger „eingehegt". Auch Gemeinschaftsgärten brauchen solch eine Einhegung, um zumindest symbolisch den Spaziergängern zu zeigen: Hier wird etwas Schützenswertes angebaut. In New York beispielsweise stehen die Tore in den Einfriedungen der Gemeinschaftsgärten immer offen, solange Gärtner anwesend sind. Wie viel Schutz ein Garten braucht, wird von Ort zu Ort verschieden sein. Als nach dem Krieg die Berliner Bevölkerung dazu angehalten war, in den Parks und auf den Mittelstreifen der Straßen ihr Gemüse selbst anzubauen, wurden die uneingezäunten Beete in den Parks von Nachtwächtern beschützt. Heute gilt: Eine

*Himbeere*

Hecke sollte vielfältig und vor allem auch für Tiere ein gutes Versteck, für Vögel ein geeigneter Nistraum sein. Wer Gärtnern aus Naturschutzerwägungen ihre Einfriedung nicht zugesteht, übersieht, dass es nur Unfrieden bringt, wenn die Interessen der Gärtner unberücksichtigt bleiben.

Eine der schönsten Heckenpflanzen ist die **Himbeere**, *Rubus idaeus*. Der Busch wächst auch in Pflanzkisten gut. Er blüht im Frühsommer schön weiß und trägt anschließend die bekannten hellroten Früchte. Sie sollen ähnlich gesund sein wie Erdbeeren. Aus den Blättern der Himbeerpflanze können Tees zubereitet werden. Wenn der Busch in die Erde gepflanzt wird, muss durch regelmäßiges Beschneiden und Anbringen von Rank-

*Brombeere*

hilfen dafür gesorgt werden, dass er in die richtige Richtung wächst. Jeweils die zweijährigen Triebe tragen die Früchte. Der Strauch wird durch Stecklinge vermehrt.

Das Gleiche gilt für die **Brombeere**, *Rubus rubus*, die wie die Himbeere zu den Rosenartigen gehört, genauso blüht und spät im Jahr die ebenfalls bekannten, aromatischen und dunkelroten Früchte trägt. Die Brombeere ist ein wunderbarer Heckenstrauch, der Mensch und Tier besonders im Spätsommer und Herbst durch seine oft üppige Beerenpracht erfreut. Kräuterkundige haben für die Blätter diverse Verwendungen. Der einzige Nachteil dieser Pflanze ist, dass Sie den Strauch, wenn er außerhalb von Kistenbeeten wächst, regelmäßig beschneiden müssen. Denn die Brombeere liebt es, sich durch unterirdische Triebe auszubreiten.

Die rosa oder weiße **Hundsrose** oder **Heckenrose**, *Rosa canina*, ist die wildwachsende Art der Rosengewächse Eurasiens, *Rosaceae*. An Waldrändern, auf Brachen oder an Bahndämmen wächst sie als schütterer Strauch, der bis zu drei Meter hoch wird. Sie wird als Bodenfestiger an Autobahnhängen, als Pioniergehölz für Schutzpflanzungen sowie als Heckengehölz

eingesetzt. Aus ihren Früchten, den Hagebutten, lässt sich der bekannte Hagebuttentee zubereiten.

*Heckenrose*

Zum Muss eines jeden Gartens gehört der **Wein**, *Vitus*. Aufgrund der zunehmenden Erderwärmung verbessert er zusehends seine Chance, auch im rauhen Norden zu reifen, sofern er die Möglichkeit bekommt, tief und weitläufig zu wurzeln. Städtische Trümmergrundstücke als Untergrund behagen ihm jedoch nicht. Als Heckenpflanze muss man ihm ein Gerüst bauen. Besonders im Herbst, wenn das Laub sich verfärbt, ist der Wein wunderschön anzuschauen. Im Allmende-Kontor umrankt er dekorativ einige Hochsitze und schafft so eine gern fotografierte Laubenstimmung.

*Weibliche Dolde ...*

Der **Hopfen**, *Humulus lupulus*, aus der Familie der Maulbeergewächse, *Moraceae*, ist eine hübsche Rankpflanze, die auch schattige Standorte aushält. Sie treibt im

Frühjahr besonders früh aus, und ihre Triebe können dann wie Spargel zubereitet und gegessen werden. Mittels der weiblichen Dolden des Hopfens wird das Bier haltbar gemacht, wodurch es zugleich auch seinen bitteren Geschmack erhält. Die Dolden wirken sedierend, also beruhigend.

Der **Holunder**, *Sambucus*, kann bis zu zehn Meter hoch werden und erfreut die Wanderer, die von sonntäglichen Spaziergängen entlang üppigen Feldrainhecken eine reiche Ausbeute an Holunderblüten oder -beeren mitbringen. Während man die Holunderblüten in der Pfanne in etwas Paniermehl frittieren kann, lassen sich die Beeren des Holunders zu wunderbaren Säften, zu Sekt oder Konfitüre verarbeiten. Der Holunderbeersaft hilft bei Erkältungen, Gicht und Rheuma.

Die **Große Brennnessel**, *Urtica dioica*, gehört in jeden Garten, nicht zuletzt weil sie bis zu anderthalb Meter hoch werden kann. Am besten passt sie in eine Hecke, wo sie allerlei Getier Nahrung bietet. Im Frühjahr kann man die ersten Sprossen entweder in einer Suppe kochen oder sie kleingehackt in einem Salat verarbeiten. Aus den Blättern, die sich gut trocknen lassen, lässt sich ein Tee zubereiten, der als „blutreinigend" gilt. Im Sommer nimmt man die unerwünschten Ausläufer und stellt daraus Brennnesseljauche her, die nicht nur gut düngt, sondern auch vielerlei Ungeziefer vertreibt.

Eine Tüte mit getrocknetem **Beifuß**, *Artemisia vulgaris*, bekamen wir bei einem Besuch von einem Gärtner in der New Yorker Bronx geschenkt. Das Kraut gehört – zumindest als Tiernahrung – in die Hecke. Früher aß man Beifuß zu fetten Enten- und Gänsebraten. In der Volksheilkunst wurde der Beifuß als Tee gegen Nerven- und Gallenleiden sowie gegen Kopfschmerzen eingesetzt. Er fördert die Bildung von Magensäften.

Die **Vogelbeere** oder **Eberesche**, *Sorbus aucuparia*, sollte als Vogelnahrung innerhalb einer Wildhecke gepflanzt werden. Sie hält es aber auch in Kisten aus. Die roten Beeren schmücken ab August den Garten. Entgegen landläufiger Meinung **können** sie gegessen werden. Durch das Übergießen mit heißem Wasser verlieren sie ihren bitteren Geschmack und können

*... des rankenden Hopfens*

*Weidenhecke*

anschließend zu Marmelade verkocht oder als Mus
verzehrt werden. Vogelbeerenmus tut beispielsweise
bei Magenverstimmungen gut. Man kann die Beeren
aber auch den Vögeln überlassen.

Die **Haselnuss**, *Corylus avellana*, gehört ebenfalls
in eine bunte Hecke, da sie als Frühblüher eine wichtige Bienennahrung ist. Aus ihren Ästen lassen sich
biegsame Gerten schneiden, die z.B. als Rankhilfen für
die Erbsen oder als natür-

*Pfirsichbaum*

liche Zäune verwendet
werden können. Die
Nüsse schmecken nicht
nur Menschen, sondern
auch Eichhörnchen und
anderen Tieren.

Eine Hecke aus kleinen
**Weiden**, *Salix*, umgibt
das Bienenbeet im All-
mende-Kontor. Die Wei-
denhecke bewirkt, dass
die Bienen zunächst hoch
fliegen – anstatt irgend-
welchen Menschen ins

Gesicht. Als Frühblüher stellen die Weiden zudem eine
wichtige Bienenweide dar.

Traditionell gehört der **Apfelbaum**, *Malus*, zwar
nicht unbedingt zu den Heckengewächsen, doch im
Allmende-Kontor wächst er in den Kisten, die den
Garten heckenartig begrenzen. Er blüht wunderschön

*Gemeinschaftsbeet ▷*

im Mai und trägt von August bis September seine bekannten Früchte.

Ein Unikum des Allmende-Gartens sind die beiden **Pfirsichbäumchen**, *Malum persicum*, die einen Teil der Einhegung des Bienengartens im Allmende-Garten bilden. Obwohl die Pfirsiche eigentlich keinen Wind mögen, gedeihen sie auf dem Tempelhofer Feld prächtig. Im Mai blühen sie hübsch rosa und tragen ab August reichlich Früchte. Leider verschwinden diese grundsätzlich immer, bevor sie überhaupt reif werden können.

# DER TREND ZUM GEMEINSCHAFTS-GARTEN

## Von den ersten Inter-kulturellen Gärten in Berlin zum Allmende-Kontor

# Gemeinschafts-gärten in Berlin

Es ist ein weltweiter Trend: Egal ob in Toronto, Paris oder Sarajevo, in Hanoi oder Nairobi – überall beginnen junge Städter, das Land zu beackern. Vom „Guerilla Gardening" zum „Urban Gardening" – eine neue Generation von Stadtbewohnern will die Hände in die Erde stecken, den Boden riechen und die Vögel hören. Das Gärtnern setzt sich heutzutage als eine Art neuer Therapie durch: gegen Computerfrust und Langeweile am Schreibtisch, gegen Alltagsdepressionen oder bei Mangel an Bewegung. Zudem richtet sich der innerstädtische Gemüsebau als Protestform gegen die aromalosen Produkte der Lebensmittelindustrie.

Dieser Trend hat längst auch Berlin erreicht. Eine zunehmende Zahl an Menschen hat Interesse gefunden an den Gemeinschaftsgärten der Bundeshauptstadt. So ist es kein Wunder, dass die Hauptstadtgärtner sich in den Allmende-Gärten auf dem Tempelhofer Feld, im Rosenduftgarten auf dem Gleisdreieck oder in den Prinzessinnengärten am Moritzplatz vor dem steten Ansturm von neuen Mitgärtnern und Besuchern kaum retten können. Die neuen Gemeinschaftsgärten sind *die* Attraktionen in den Parks der Berliner City.

*Karottenkommune: Mit Witz und Engagement zum neuen Gärtnern*

Die Ehrenamtlichen der Berliner Gemeinschaftsgärten haben jedoch einen ständigen Kampf mit der Verwaltung auszufechten. Nach Meinung der Behörden stellen die Gärten eine Art Privatisierung öffentlichen Grundes dar, weil sie zum einen nicht für jedermann rund um die Uhr offen stehen und weil zum anderen die Gärtner und Gärtnerinnen ihre eigenhändig gehegten Tomaten selbst verspeisen möchten. Der Politik fehlt das Verständnis dafür, dass die wirklich problematische Privatisie-

*Den Bienen eine Weide schaffen: Gartenbau zum Wohle aller*

rung jene ist, die öffentlichen Grund und Boden verkauft, um ihn privatwirtschaftlich bebauen zu lassen.

Wenn ein öffentliches Stück Land Gemeinschaftsgärtnern zur Pflege übergeben wird, handelt es sich lediglich um eine zeitweilige und umkehrbare Besitzabtretung. Im Sinne der Allmende-Idee übernimmt eine Gruppe von Menschen die Pflege eines Stücks Lands im Sinne aller. So ist es auch auf dem Tempelhofer Feld: Nur einige Menschen „ackern" – doch es ist im Interesse der Gesellschaft, dass man sich in den Gärten erholen kann und dass sie Unterschlupf für allerlei Tiere bieten. Wäre es also nicht auch im Interesse aller, wenn die vielerseits gelobten Interkulturellen Gärten mehr Flächen – vor allem in öffentlichen Parks – bekämen? Oder wenn den Gartenaktivisten die von ihnen benötigten Koordinierungsstellen bewilligt würden?

Doch aufzuhalten ist die Idee des Urban Gardening auch in Berlin nicht. Zwischen 2004 und 2014 sind hier fast 80 Projekte der neuen Agrarkultur entstanden. Mittlerweile existieren in Berlin rund 100 verschiedene Urban-Gardening-Projekte – von den Kinderbauernhöfen der 1980er Jahre über die Interkulturellen Gärten der Jahrtausendwende bis hin zur urbanen Landwirtschaft. Diese Projekte entstanden entweder am Stadtrand auf nicht benötigten Flächen oder aber mitten in der Stadt. Für einen jungen Studenten ist es ebenso wichtig wie für einen älteren Menschen, sein Beet ohne große Umstände und rasch zu erreichen.

Während sich in den USA die Community Gardens großteils zu reinen Nutzgärten entwickelten, setzte sich in Deutschland die Idee von Gemeinschaftsgärten durch, die auch das interkulturelle Miteinander fördern. 1996 entstand in Göttingen der erste Internationale Garten, wenig später wurden in Leipzig die Bunten Gärten für Asylsuchende gegründet. Hier wie dort wurde das Gärtnern mit Sprachkursen verbunden. In Berlin entstanden die ersten Interkulturellen Gärten ab 2003, gefördert vom Bundesumweltministerium, von örtlichen Agenda-21-Initiativen (die sich auf die Konferenz für Umwelt und Entwicklung von Rio de Janeiro im Jahre 1992 bezogen) sowie von der Stiftung Interkultur in München. Damals setzte sich die Idee von Gemeinschaftsgärten durch, die traumatisierten Flüchtlingen aus aller Welt helfen, sich in der Fremde zu integrieren.

Um 2000 wurden „Internationale Gärten der Kulturen der Welt" innerhalb des wilden Geländes am Gleisdreieck angeregt. Damals konnte noch niemand ahnen, dass Berlin zur Hauptstadt des neuen Gärtnerns werden würde. Auch der spätere Bürgermeister von Friedrichshain-Kreuzberg konnte sich, obwohl Mitglied der Grünen, nicht vorstellen, dass es je durchsetzbar sein würde, inmitten von innerstädtischen Parks Gemeinschaftsgärten einzurichten. Als er im Jahr 2013 aus dem Amt schied, waren ebendiese zu seinen heimlichen Lieblingsorten geworden. Sonntags radelte er gerne bei dem einen oder anderen Garten vorbei. Heute gehören Gemeinschaftsgärten innerhalb öffentlicher Parks in Berlin schon fast zum guten Ton. Und die Gärtner übernehmen in den Parks oftmals einen guten Teil der Pflege.

Ebenfalls im Jahr 2000 gründeten Eltern auf einer umzäunten Neuköllner Brache den „Kids Garden" – ein wunderschönes Kleinod zwischen zwei Brandwänden im dichtbesiedelten Reuterkiez. Zeitgleich entstand dank einer griechischen Fraueninitiative der Gemeinschaftsgarten „Perivoli", ein Ort interkultureller Begegnung in Friedrichshain. In den Folgejahren ging es Schlag auf Schlag: Es entstanden der erste Interkul-

*Auf dem Tempelhofer Feld: Berlins erfolgreiche Allmende-Gärten*

turelle Garten in Berlin-Köpenick – am Wuhlewanderweg –, der Nachbarschaftsgarten „Rosa Rose" in Friedrichshain, der erste Gemeinschaftsgarten auf dem Gleisdreieck und viele mehr. Daraufhin beschloss der Berliner Landtag, dass jeder Bezirk mindestens zwei solcher Interkulturellen Gärten einrichten solle. 99 Berliner Gemeinschaftsgärten verzeichnete die erste Berliner Garten-Karte, die im Rahmen des Allmende-Kontors erstellt worden war. Nur wenige von ihnen existierten lediglich kurzzeitig, entweder mangels Fläche oder weil sie sich an falsche Gruppen richteten, etwa an junge Erwerbstätige, die für Gärtnerei nicht genügend Zeit hatten.

Mit den Allmende-Gärten vom Tempelhofer Feld erhielt die Idee der Gemeinschaftsgärten einen kräftigen Schub – nicht nur deshalb, weil das ehemalige Flughafengelände in atemberaubender Geschwindigkeit zu einem der beliebtesten Freizeitstätten der Berliner wurde, sondern auch deshalb, weil das Allmende-Konzept und auch der Terminus „Allmende-Gärten" erstmals Eingang in ein Landesgesetz fanden: das „Gesetz zum Erhalt des Tempelhofer Feldes" vom Sommer 2014. So sind die Tempelhofer Allmende-Gärten gleichsam das erste Stück Stadtgrün, das der Berliner Bevölkerung zur Nutzung überantwortet wurde.

# DER VOLKSENTSCHEID ZUM TEMPELHOFER FELD

Als ein Gesetz über die Nutzung des Tempelhofer Feldes erlassen wurde, hatten die Tempelhofer Gemeinschaftsgärtner schon eine ereignisreiche Geschichte hinter sich.

Als der Flughafen 2010 geschlossen wurde, bestand noch weitgehender Konsens darüber, dass das Gelände von jeglicher Bebauung freigehalten werden solle. Doch der zunehmende Wohnraummangel wie auch die Interessen von Bauindustrie und Finanzsektor führten bald zu einer Debatte, ob Teile des Feldes nicht doch zu Bauland erklärt werden sollten. Die Landesregierung unterstützte bald eine Teilbebauung. Das Gelände erhielt die Bezeichnung „Tempelhofer

Freiheit", die an alte Freihandelszeiten erinnern und Investoren anlocken sollte.

Der Attraktivität des Feldes für Investoren sollten auch gärtnerische Pionierprojekte dienen, die angesie-

*Kultur und Natur: Frühling in den Gemeinschaftsgärten*

*Schillerkiez-Garten: Alle sind für „100 % Tempelhofer Feld"*

*Völkerverbindend: Amerikanische Praktikantin und russische Helferinnen*

*Ein Erfolgsmodell: Die Gemeinschaftsgärten auf dem Tempelhofer Feld*

delt wurden. Einst eintönige Flächen erfuhren so eine kreative Durchgestaltung. Was die Planer allerdings übersahen, war, dass auch kleine Gärten in Kisten viel Arbeit machen und sich nicht problemlos umsetzen lassen. Und womit sie nicht gerechnet hatten, war der Widerstand der Pioniere dagegen, einmal Aufgebautes wieder aufzugeben. Vier Jahre lang luden abwechselnd die Landesregierung, die Verwaltung und Bürgerinitiativen zu zahlreichen Bürgerversammlungen ein, auf denen die Zukunft des Tempelhofer Feldes ausgiebig debattiert wurde. Da ging es um neoliberale Baupolitik und steigende Bodenpreise, um sozialverträgliche Wohnungsmieten und den preistreibenden Effekt des Verkaufs landeseigener Liegenschaften.

Da der Dissens zwischen dem Land Berlin und Bürgerinitiativen immer stärker wurde, entstand die „Initiative 100 % Tempelhofer Feld", die mittels eines Volksentscheides die Freihaltung des Tempelhofer Feldes zugunsten einer nachhaltigen Stadtpolitik, des Klimaschutzes sowie einer innerstädtischen Erholung garantieren wollte. Drei Jahre lang stand eine zunehmende Zahl von Freiwilligen vor Theatern und Kaufhäusern, auf Märkten oder vor Kinos und sammelte Unterschriften. Und der Volksentscheid wurde gewonnen: Im Mai 2014 stimmten rund 740 000 Berlinerinnen und Berliner für die Beibehaltung des Tempelhofer Feldes als Freifläche.

# ZUR GESCHICHTE DES TEMPELHOFER FELDES

Vor dem Ersten Weltkrieg befand sich das Tempelhofer Feld noch weit außerhalb der Stadt Berlin – südlich der damals eigenständigen Stadt Schöneberg. Ab 1825 hatte das preußische Militär den Tempelhofer Bauern ihre Felder und Äcker abgekauft, um hier einen Exerzierplatz zu errichten. Nach dem Deutsch-Französischen Krieg 1870/71 bauten obdachlose Menschen am Rande des Areals Spontansiedlungen aus Brettern und Lehm. Ihre Buden waren von kleinen Subsistenzgärten mit Kleintierhaltung umgeben. Der Exerzierplatz selbst wurde von den Berlinern zunehmend als Ziel ihrer Sonntagsausflüge genutzt.

Nachdem verschiedene Flugpioniere hier seit den 1890er Jahren ihre Fluggeräte getestet hatten und 1919 am Nordrand des Tempelhofer Feldes in kleinem Rahmen der Flugbetrieb aufgenommen wurde, beschloss der Magistrat von Groß-Berlin Anfang der 1920er Jahre, in Tempelhof einen Zentralflughafen zu errichten. Zuerst baute man inmitten des heutigen Geländes einen kleinen, nach Norden ausgerichteten Flughafen, auf dem 1923 bereits rund 100 Starts und Landungen stattfanden. Bis 1930 wurde der Flughafen sukzessive erweitert und mit Flugzeughallen, einem Abfertigungsgebäude und einer Funkstation ergänzt.

1930 fiel die Entscheidung, wegen des rapide anwachsenden Flugverkehrs – Tempelhof hatte zu dieser Zeit europaweit die meisten Flugbewegungen – den Flughafen komplett neu zu bauen. Die daraufhin erstellten Baupläne trugen nicht nur einem jährlichen Aufkommen von sechs Millionen Passagieren Rechnung, sondern auch dem monumentalistischen Gestus des nationalsozialistischen Regimes. Als das neue Abfertigungsgebäude, das damals flächengrößte Bauwerk der Welt, 1941 fertiggestellt wurde, war der zivile Luftverkehr in Tempelhof bereits weitgehend eingestellt: Kaum hatte NS-Deutschland den Zweiten Weltkrieg angezettelt, entstanden auf dem Tempelhofer Feld eine Munitionsfabrik und eines der größten Produktionswerke für Bomber weltweit. Zugleich wurden Zwangsarbeiterlager eingerichtet, in denen Tausende vor allem aus Osteuropa verschleppte Menschen arbeiten mussten und oftmals zu Tode kamen.

Kurz nachdem die Rote Armee Berlin im April 1945 befreit hatte, wurde der Flughafen Tempelhof, im

*Eine der wichtigsten grünen Lungen Berlins: Einst größter Flughafen ...*

amerikanischen Sektor liegend, dem US-Militär übergeben. Er avancierte während der Berlin-Blockade
1948/49 zum Landeplatz der legendären „Rosinen-
bomber": Er versorgte die West-Berliner mit Lebens-
mitteln, als die Sowjets die Verbindungen nach West-
Berlin als Reaktion auf
die Währungsreform
gesperrt hatten.

Der bereits während
der Luftbrücke eingerich-
tete neue Flughafen in
Tegel übernahm ab den
späten 1960er Jahren
einen Großteil des zivilen
Luftverkehrs von West-
Berlin, da Tempelhof an
seine Kapazitätsgrenzen
gekommen war. Wegen
der hohen Lärmbelastung
innerhalb der Stadt wur-

*... dann NS-Waffen-*
*schmiede und später*
*Landeplatz der „Rosinen-*
*bomber"*

de schließlich 1975 der Linienverkehr in Tempelhof
gänzlich eingestellt, ab 1985 stand der Flughafen
wieder für Geschäftsreiseverkehr zur Verfügung.

Nach der friedlichen Revolution in der DDR im
Jahre 1989 beschlossen die Regierungen von Berlin
und Brandenburg, den Flughafen Schönefeld im ehemaligen Ost-Berlin zum Zentralflughafen auszubauen.
Tempelhof wurde endgültig stillgelegt.

## Das Tempelhofer Feld als Gemeingut

Bis zur Öffnung des Tempelhofer Feldes für die Bevölkerung war es 1989 noch ein weiter Weg. 2011 grün-
dete sich eine Bürgerinitiative mit dem Namen „100 %
Tempelhofer Feld" mit dem Ziel, die Nutzungspläne
des Berliner Senats zu kippen. Bis Anfang 2013 bean-
tragten die erforderlichen 20 000 Bürger durch ihre
Unterschrift ein Volksbegehren zur künftigen Nutzung.
Im Mai 2014 schließlich wurde per Volksentscheid
positiv über den seit 2012 vorliegenden Entwurf eines

„Gesetzes zum Erhalt des Tempelhofer Feldes (THF-Gesetz)" entschieden. So wie in Istanbul Tausende gegen die Bebauung des Geziparks protestierten, wie in Südafrika Fischer über 15 Jahre lang protestierten und prozessierten, bis sie endlich das Recht an ihren Fischgründen zurückerhielten, das die Regierung zuvor an die Fischindustrie übertragen hatte, so erstritt man sich in Berlin das Recht auf die Nutzung des ehemaligen Flughafengeländes in Tempelhof.

Die Berliner sehen das Tempelhofer Feld als Gemeingut an, das allen gehört und daher nicht an Investoren verkauft werden sollte. Skaten, Joggen, Grillen, Gärtnern, Spielen – alles ist möglich auf der riesigen Fläche, nachdem sie zur Allmende erklärt wurde.

Auch wenn es weltweit noch zahlreiche Allmenden gibt – viele Dörfer Afrikas etwa verstehen ihre Äcker als Erbe aller, das sie gemeinsam bewirtschaften –, wurde das Allmendewesen im zweiten Jahrtausend mehr und mehr zurückgedrängt, oft gegen den Widerstand der Bevölkerung. Als in England mit der Magna Charta 1215 die Waldallmende aufgehoben wurde, löste das seitens der Armen Wut aus, da sie auf den Wald angewiesen waren, wegen seiner Ressourcen und als Schweineweide. Auch die deutschen Bauern wehrten sich, als ihre Allmenden aufgelöst wurden – es kam zu den Bauernkriegen.

Die Nationalökonomen des 19. Jahrhunderts – allen voran Karl Marx – sahen in der „Einhegung der Allmenden" den Beginn der Konzentration des Reichtums auf Kosten der Armen. Das gilt bis heute. Nach Mike Davis sind die Folgen der Abschaffung der Allmenden

*Heute ist das Tempelhofer Feld mit seinen Allmende-Gärten ...*

sowohl damals als auch heute die gleichen: Hunger, Landflucht, Slums, Wohnungsnot und Seuchen.

Armutsrisiken können reduziert werden, wenn ein bestimmter Anteil der Baulandreserve einer Kommune stets in deren Hand bleibt. Ein gewisser Prozentsatz des Gemeindelands sollte zudem der Umwelt- und Daseinsvorsorge vorbehalten sein. Nur so kann eine Gemeinde eine Bodenpolitik betreiben, die den Erfordernissen des Sozialstaats entspricht. Innerstädtisches Grün wird gebraucht für den sozialen Frieden, als Grabeland für Erwerbslose und für eine langfristig angelegte Bodenvorratswirtschaft.

*… dank großen ehrenamtlichen Engagements ein Freizeitparadies für alle*

Die Debatte um die Nutzung des Tempelhofer Feldes hat vielen Menschen deutlich gemacht, wie wichtig gemeinschaftlich genutzte Flächen sind. Allmenden zu schaffen und sie zu schützen, ihnen feste Regeln zu geben und über sie zu wachen ist Aufgabe des Staates. Der Ausverkauf von öffentlichem Grund und Boden fördert Armut und Wut bei den Menschen. Subsistenzgärten sind eine wichtige Abhilfe gegen einen weiteren Zerfall der Gesellschaft. Die neue Begeisterung fürs Urban Gardening ist deshalb eine glückliche Fügung, die es im Interesse aller zu fördern gilt.

# Register der Pflanzen

# In eigener Sache

Ich möchte mich bei allen Personen herzlich bedanken, die mich beim Schreiben dieses Buches unterstützt haben. Besonders danke ich Cassen Harms, Christophe Kotanyi, Antje Grabenhorst, Martina Kolarek sowie Paula Passin und anderen für das engagierte Korrekturlesen. Andrea Heistinger sei herzlich gedankt für ihren Gastbeitrag. Ohne das hingebungsvolle Engagement der Gründergruppe des Allmende-Kontors – bestehend aus Miren Artola, Elisabeth Biederbick, Wolfgang Fabricius, Severin Halder, Frauke Hehl, Christophe Kotanyi, Dörte Martens, Elisabeth Meyer-Renschhausen, Gerda Münnich, Kristin Radix, Niels Rickert, Kerstin Stelmacher und Malte Zacharias – wären weder unser Gemeinschaftsgarten noch dieses Buch zustande gekommen. Mein Dank gilt aber auch der heutigen Gartengruppe des Gemeinschaftsgartens Allmende-Kontor, die das Projekt so angenehm vergnügt weiterführt.

Die in diesem Buch aufgeführten Angaben wurden von der Autorin nach bestem Wissen und Gewissen erarbeitet und geprüft. Dennoch können Autorin und Verlag keine Gewähr für deren Richtigkeit übernehmen. Eine Haftung der Autorin oder des Verlags sowie seiner Beauftragten für Personen-, Sach- oder Vermögensschäden ist ausgeschlossen.

# Ausgewählte Literatur

Balick, Michael, und Paul Alan Cox: Drogen, Kräuter und Kulturen. Darmstadt 1997

Carper, Jean: Nahrung ist die beste Medizin. 10. Aufl. München 2001

Franck, Gertrud: Gesunder Garten durch Mischkultur. München 1980

Heil, Alexander: Der Paradiesgarten. Essbare Stauden selbst angepflanzt. Eine Übersicht von A bis Z. 3. Aufl. Staufen bei Freiburg 2009

Heistinger, Andrea, und Arche Noah: Handbuch Bio-Gemüse. Stuttgart 2010

Heistinger, Andrea, und Arche Noah: Handbuch Bio-Balkongarten. Stuttgart 2012

Heistinger, Andrea, und Arche Noah: Das große Biogartenbuch. Innsbruck 2013

Heistinger, Andrea, und Alfred Grand: Biodünger selber machen. Innsbruck 2014

Helm, Eve Marie: Feld-, Wald- und Wiesenkochbuch. 12. Aufl. München 1994

Holzer, Sepp: Permakultur. Graz 2004

Kleinod, Brigitte: Neue Ideen für Hochbeete. Darmstadt 2011

Körber-Grohne, Udelgard: Nutzpflanzen in Deutschland. 2. Aufl. Darmstadt 1997

Kreuter, Marie-Luise: Der Bio-Garten. München/Wien/Zürich 1981

Kreuter, Marie-Luise: Kräuter und Gewürze aus dem eigenen Garten. München/Wien/Zürich 1981

Kreuter, Marie-Luise: Der Bio-Garten im Jahresverlauf. München 1994

Maurizio, Adam: Die Geschichte unserer Pflanzennahrung. Wiesbaden 1927/1979

Mercatante, Anthony S.: Der magische Garten. Zürich 1980

Mésségué, Maurice: Von Menschen und Pflanzen. 2. Aufl. Frankfurt/Berlin/Wien 1977

Mésségué, Maurice: Die Natur hat immer recht. Gütersloh 1980

Meyer-Renschhausen, Elisabeth: Der Streit um den heißen Brei. Herbolzheim 2002

Meyer-Renschhausen, Elisabeth: Unter dem Müll der Acker. Königstein/Ts. 2004

Prinzessinnengärten. Anders gärtnern in der Stadt, hrsg. von Nomadisch Grün. Köln 2012

Schmidlin, Eduard: Die Bürgerliche Gartenkunst. Stuttgart 1852

Seymour, John: Selbstversorgung aus dem Garten. 2. Aufl. Ravensburg 1982

Stadt der Commonisten, hrsg. von Andrea Baier, Christa Müller, Karin Werner. Bielefeld 2013

Storl, Wolf-Dieter, und Paul Silas Pfyl: Bekannte und vergessene Gemüse. 2. Aufl. Aarau 2005

Wissen wuchern lassen. Ein Handbuch zum Lernen in urbanen Gärten, hrsg. von Severin Halder u.a. Neu-Ulm 2014

van Veenhuizen, René: Cities Farming for the Future. Ottawa 2006